Geschichte weltweit

Georgien

Copyright © 2023 by Geschichte weltweit.

Alle Rechte vorbehalten. Dieses Werk oder Teile daraus dürfen ohne schriftliche Genehmigung des Autors nicht vervielfältigt oder verbreitet werden.

Die in diesem Buch präsentierten Informationen dienen ausschließlich Unterhaltungszwecken und sind nicht als Ersatz für professionelle Beratung oder Behandlung zu verstehen. Leserinnen und Leser sind angehalten, bei Bedarf fachlichen Rat einzuholen. Dieses Buch wurde mit Hilfe von Künstlicher Intelligenz erstellt. Obwohl unser Bestreben darin besteht, die höchstmögliche Genauigkeit und Zuverlässigkeit zu gewährleisten, kann das Buch keine Garantie für absolute Richtigkeit oder Vollständigkeit bieten. Der Autor übernimmt keine Haftung für Schäden oder Verluste, die durch die Anwendung der in diesem Buch beschriebenen Informationen entstehen.

Einführung 7

Die Wiege der Zivilisation – Früheste Spuren Georgiens 9

Mythologie und Legenden – Die alten Götter Georgiens 11

Kolchis und das Goldene Vlies – Die antike Geschichte Georgiens 13

Aufstieg des Christentums – Georgiens Bekehrung 16

Einblick in das mittelalterliche Georgien – Königreiche und Dynastien 19

Die Blütezeit der Königreiche – Georgien im 10. bis 12. Jahrhundert 21

Das Goldene Zeitalter der georgischen Kunst und Architektur 24

Der georgische Adel und die feudale Gesellschaft 26

Die georgische Sprache und Kultur – Ein Erbe aus der Vergangenheit 28

Handel und Seidenstraße – Georgiens Rolle im internationalen Handel 30

Die georgische Schrift und das Erbe des Alphabets 33

Die Mongolen und das Ende der georgischen Unabhängigkeit 35

Timur Lenk und die georgischen Fürstentümer 37

Die georgische Renaissance – Kunst, Literatur und Wissenschaft 39

Die Eroberung durch das Osmanische Reich und persische Einflüsse 41

Das goldene Zeitalter von Kachetien – Der Aufstieg einer georgischen Provinz 43

Georgien unter russischer Herrschaft – Das Zarenreich erobert den Kaukasus 45

Der georgische Nationalismus und die Suche nach Unabhängigkeit 47

Georgien in der Sowjetunion – Die turbulenten Jahre des 20. Jahrhunderts 50

Der georgische Bürgerkrieg und der Weg zur Unabhängigkeit 53

Die Rose Revolution – Georgien im 21. Jahrhundert 56

Die Tierwelt Georgiens – Ein Paradies für Naturliebhaber 59

Der Kaukasus – Naturwunder im Herzen Georgiens 61

Tbilisi – Die pulsierende Hauptstadt Georgiens 64

Batumi – Eine Perle am Schwarzen Meer 67

Die historischen Schätze Georgiens – UNESCO-Weltkulturerbestätten 70

Das Erbe der Goldenen Ära – Architektur und Kunst in Georgien heute 72

Die georgische Küche – Eine kulinarische Entdeckungsreise 75

Weinbau und Weintraditionen – Die edlen Tropfen Georgiens 78

Die georgische Polyphonie – Harmonie aus Stimmen 80

Georgische Gastfreundschaft – Eine Kultur des Willkommens 82

Abenteuerreise durch Georgien – Aktivitäten und Outdoor-Erlebnisse 84

Die Zukunft Georgiens – Herausforderungen und Perspektiven 87

Schlusswort 90

Einführung

Georgia, offiziell die Republik Georgien, ist ein Land in der Region des südlichen Kaukasus. Es grenzt im Norden an Russland, im Süden an die Türkei und Armenien, im Osten an Aserbaidschan und im Westen an das Schwarze Meer. Mit einer reichen Geschichte, einer vielfältigen Kultur und atemberaubenden Landschaften lockt Georgien Besucher aus der ganzen Welt an.

Georgien hat eine lange Geschichte, die bis in die Antike zurückreicht. Archäologische Funde belegen menschliche Besiedlung bereits vor Tausenden von Jahren. Die Region war ein Schmelztiegel verschiedener Kulturen und Völker, was zu einer reichen kulturellen Vielfalt führte.

Im Laufe der Jahrhunderte erlebte Georgien den Einfluss verschiedener Reiche und Mächte, darunter das Königreich Kolchis, das Osmanische Reich, das Perserreich und das Russische Kaiserreich. Trotz dieser Einflüsse bewahrte Georgien seine einzigartige Identität und Kultur.

Georgien hat eine faszinierende landschaftliche Vielfalt. Es erstreckt sich vom Schwarzen Meer über das Bergland des Kaukasus bis zu den fruchtbaren Tälern im Osten. Die majestätischen Kaukasus-Berge bieten spektakuläre Gipfel, tiefe Schluchten und malerische Täler. Die georgische Tierwelt ist ebenfalls bemerkenswert und umfasst eine Vielzahl von Arten, darunter Braunbären, Wölfe, Luchse und verschiedene Vogelarten.

Die Hauptstadt Georgiens ist Tiflis (auch bekannt als Tbilisi), eine moderne und lebendige Stadt, die gleichzeitig ihre reiche Geschichte bewahrt. Tiflis ist für seine architektonischen Schätze, seine pulsierende Kulturszene und seine warme Gastfreundschaft bekannt.

Ein weiteres beliebtes Reiseziel in Georgien ist Batumi, eine Küstenstadt am Schwarzen Meer. Batumi beeindruckt mit moderner Architektur, langen Sandstränden und einem lebendigen Nachtleben.

Georgien ist auch für seine UNESCO-Weltkulturerbestätten bekannt. Diese umfassen architektonische Juwelen wie das Kloster Gelati, die Kathedrale Swetizchoweli und die Höhlenstadt Uplistsikhe. Diese Stätten sind Zeugnisse der reichen Geschichte und Kultur Georgiens.

Heute ist Georgien auch ein beliebtes Reiseziel für Touristen aus aller Welt. Das Land bietet eine Mischung aus historischen Stätten, abenteuerlichen Outdoor-Aktivitäten, kulinarischen Genüssen und herzlicher Gastfreundschaft. Von Wanderungen in den Bergen bis hin zum Erkunden der Weinregionen und dem Genuss der georgischen Küche gibt es für jeden etwas zu entdecken.

In diesem Buch werden wir uns eingehend mit der Geschichte Georgiens befassen, insbesondere mit den antiken und mittelalterlichen Zeiten. Wir werden uns auch mit der faszinierenden Tierwelt Georgiens, den Hauptattraktionen des Landes und den Schätzen der georgischen Kultur beschäftigen.

Tauchen wir ein in die faszinierende Geschichte und Kultur Georgiens und entdecken wir die Wunder dieses facettenreichen Landes.

Die Wiege der Zivilisation – Früheste Spuren Georgiens

Georgien, ein Land mit einer reichen Geschichte, hat eine bemerkenswerte Vergangenheit, die bis in die frühesten Zeiten der Zivilisation zurückreicht. In diesem Kapitel werden wir die frühesten Spuren der menschlichen Besiedlung in Georgien erkunden und die faszinierenden archäologischen Funde untersuchen, die uns Einblick in diese Zeit geben.

Archäologische Ausgrabungen und Forschungen haben gezeigt, dass die Region, die heute Georgien ist, schon vor Tausenden von Jahren von Menschen bewohnt wurde. Eine der bedeutendsten archäologischen Stätten ist Dmanisi, die im Süden Georgiens liegt. Dort wurden Überreste von Hominiden entdeckt, die auf ein Alter von rund 1,8 Millionen Jahren datiert werden und zu den ältesten außerhalb Afrikas gehören. Diese Funde werfen Licht auf die frühe Ausbreitung der Menschheit und ihre Wanderungen über den Kontinent.

Ein weiterer wichtiger Fundort in Georgien ist der Höhlenkomplex von Satsurblia im westlichen Teil des Landes. Dort wurden Werkzeuge, Knochenfragmente und Feuerstellen entdeckt, die auf eine Besiedlung vor etwa 1,5 Millionen Jahren hindeuten. Diese Funde sind Hinweise auf das frühe kulturelle und soziale Leben in der Region. Die neolithische Revolution, die den Übergang von der Jagd- und Sammlerwirtschaft zur sesshaften Landwirtschaft markierte, fand auch in Georgien statt. Die Menschen begannen, Pflanzen anzubauen und Tiere zu domestizieren. Eine der bemerkenswertesten Fundstellen aus dieser Zeit ist die archäologische Stätte von Shulaveri-Shomu im östlichen Teil Georgiens. Dort wurden Keramikgefäße, Getreidereste und Werkzeuge entdeckt, die auf den Beginn der Ackerbaukultur vor etwa 8.000 Jahren hinweisen.

Während des Bronzezeitalters entwickelten sich komplexe Gesellschaften und städtische Zentren in Georgien. Eines der herausragenden Beispiele dafür ist die archäologische Stätte von Uruk in der Region Imeretien. Dort wurden Überreste von Befestigungsanlagen, Tempeln und Wohngebäuden entdeckt, die auf eine fortgeschrittene Zivilisation hinweisen.

Die Eisenzeit brachte weitere kulturelle und politische Entwicklungen mit sich. In Georgien entstanden verschiedene Königreiche und städtische Zentren, darunter Kolchis, das für sein goldenes Vlies berühmt wurde. Die griechische Mythologie erwähnt Kolchis als das Land, in dem Jason und die Argonauten nach dem Goldenen Vlies suchten.

Die archäologischen Funde aus der frühesten Zeit Georgiens sind von großer Bedeutung, da sie uns Einblicke in die Entwicklung der Menschheit und die Anfänge der Zivilisation bieten. Sie zeugen von der Fähigkeit der Menschen, sich an verschiedene Umgebungen anzupassen, neue Technologien zu entwickeln und komplexe soziale Strukturen zu schaffen. Es ist faszinierend zu sehen, wie sich die Geschichte Georgiens von den frühesten Anfängen bis zur heutigen Zeit entwickelt hat. In den kommenden Kapiteln werden wir uns mit den weiteren historischen Epochen beschäftigen und die kulturellen, politischen und sozialen Entwicklungen in Georgien erkunden.

Mythologie und Legenden – Die alten Götter Georgiens

Die georgische Mythologie und die damit verbundenen Legenden spiegeln den reichen Glauben und die spirituelle Welt der frühen Georgier wider. Diese Überlieferungen sind ein wichtiger Bestandteil der kulturellen Identität des Landes und geben uns Einblicke in die Vorstellungen und Werte der alten georgischen Gesellschaft.

In der georgischen Mythologie gibt es eine Vielzahl von Gottheiten, die verschiedene Aspekte des Lebens und der Natur verkörpern. Einige dieser Götter und Göttinnen sind regionalen Ursprungs, während andere eine breitere Verehrung genossen.

Eines der bekanntesten Beispiele ist der Gott Armazi, der als König der Götter angesehen wurde. Er galt als Schutzpatron der Könige und des Königreichs Kartli, das eine zentrale Rolle in der georgischen Geschichte spielte. Armazi wurde oft mit dem Feuer assoziiert und galt als Vermittler zwischen den Menschen und den Göttern.

Eine weitere wichtige Gottheit war Dali, die Göttin der Jagd und der Natur. Sie wurde von den Menschen um Unterstützung bei der Jagd und beim Schutz der Natur gebeten. Dali war eine starke und unabhängige Göttin, die mit Tieren und den Wildnis verbunden war.

Ein weiterer bekannter Gott in der georgischen Mythologie war Ghmerti, der Gott des Schicksals und des Glücks. Die Menschen glaubten, dass Ghmerti über ihr Schicksal entschied und sowohl günstige als auch ungünstige

Ereignisse beeinflussen konnte. Daher war es üblich, ihm Opfergaben darzubringen und um seinen Segen zu bitten.

Neben den Hauptgottheiten gab es auch zahlreiche andere göttliche Wesen und Geister, die in der georgischen Mythologie eine Rolle spielten. Zum Beispiel wurde Tamar als eine mächtige Schutzgöttin verehrt, die das Königreich Georgien vor Gefahren bewahrte. Auch Nana, die Göttin der Fruchtbarkeit und des Wachstums, hatte eine bedeutende Rolle in der Vorstellungswelt der Menschen.

Die georgische Mythologie war auch mit Legenden und epischen Erzählungen verbunden. Eine der bekanntesten Geschichten ist die Legende von Amirani, einem mythologischen Helden, der gegen die Götter rebelliert und für seine Freiheit kämpft. Die Geschichte von Amirani verkörpert den Widerstand gegen Unterdrückung und das Streben nach Freiheit.

Es ist wichtig anzumerken, dass die georgische Mythologie und die damit verbundenen Legenden im Laufe der Zeit Veränderungen und Anpassungen erfahren haben. Durch die Einflüsse anderer Kulturen und Religionen haben sich die Vorstellungen von Göttern und göttlichen Wesen weiterentwickelt.

Heute spielen die alten georgischen Götter und Legenden in der religiösen Praxis Georgiens eine begrenzte Rolle. Die Mehrheit der Bevölkerung ist dem orthodoxen Christentum zugehörig, das seit dem 4. Jahrhundert in Georgien verbreitet ist. Dennoch sind die Geschichten und Legenden der alten Götter ein wertvoller Teil des kulturellen Erbes und tragen zur Vielfalt und Komplexität der georgischen Geschichte bei.

Kolchis und das Goldene Vlies – Die antike Geschichte Georgiens

Die antike Geschichte Georgiens ist eng mit dem Königreich Kolchis verbunden, das im Westen des Landes lag. Kolchis erlangte vor allem durch die berühmte Sage vom Goldenen Vlies internationale Bekanntheit.

Kolchis war ein einflussreiches Königreich, das vom 13. Jahrhundert v. Chr. bis zum 4. Jahrhundert n. Chr. existierte. Es hatte eine strategisch günstige Lage am Schwarzen Meer und war bekannt für seinen Reichtum an natürlichen Ressourcen und Handelsmöglichkeiten.

Die Sage vom Goldenen Vlies spielt eine zentrale Rolle in der antiken Geschichte Georgiens. In dieser Geschichte begibt sich Jason, ein griechischer Held, auf die Suche nach dem Goldenen Vlies, das sich in Kolchis befinden soll. Das Goldene Vlies war ein kostbarer Schatz, der von einem magischen Widder getragen wurde. Jason und seine Begleiter, die Argonauten, unternahmen eine abenteuerliche Reise nach Kolchis, um das Vlies zu finden.

Die Sage vom Goldenen Vlies hat zur Entstehung verschiedener kultureller Verbindungen zwischen Kolchis und den griechischen Stadtstaaten beigetragen. Diese Verbindungen führten zu einem regen Handel und kulturellen Austausch zwischen den beiden Regionen. Griechische Siedler gründeten Kolonien entlang der Küste des Schwarzen Meeres und brachten ihre Kultur, ihre Kunst und ihre Religion nach Kolchis.

Kolchis war auch für seine fortgeschrittene Landwirtschaft und seinen Reichtum an natürlichen Ressourcen bekannt. Das Königreich war berühmt für seinen Anbau von Weinreben, Olivenbäumen und Getreide. Zudem war es ein bedeutender Hersteller von Harz, Honig und Textilien. Der Handel mit diesen Produkten brachte dem Königreich Wohlstand und machte Kolchis zu einem wichtigen Knotenpunkt in der antiken Welt.

In Kolchis existierte eine wohlhabende und komplexe Gesellschaft. Das Königreich war in verschiedene Territorien unterteilt, die von regionalen Herrschern regiert wurden. Diese Territorien waren bekannt für ihre prächtigen Paläste, Tempel und Befestigungsanlagen. Kolchis war auch für seine Künste und sein Handwerk berühmt. Die Bewohner waren geschickte Goldschmiede, Keramiker und Töpfer.

Die Kontakte zwischen Kolchis und dem griechischen Kulturraum führten dazu, dass Kolchis Teil des griechischen Mythos wurde. In der griechischen Mythologie wurde Kolchis als das Land beschrieben, in dem Medea, die Tochter des Königs von Kolchis, lebte. Medea spielte eine wichtige Rolle in der Sage vom Goldenen Vlies und wird als eine mächtige Magierin dargestellt.

Obwohl Kolchis als eigenständiges Königreich existierte, war es immer wieder von fremden Mächten bedroht. In der Antike kämpften verschiedene Reiche und Völker um die Kontrolle über das Gebiet. Das Königreich wurde zeitweise von den Persern, den Römern und den Byzantinern beherrscht.

Mit dem Niedergang des Römischen Reiches und den invasionsartigen Einfällen der Hunnen, Goten und Perser verlor Kolchis allmählich an Bedeutung. Das Königreich wurde schließlich Teil des Byzantinischen Reiches und später von den muslimischen Arabern erobert.

Die antike Geschichte Georgiens, insbesondere die Zeit von Kolchis und die Sage vom Goldenen Vlies, hat einen bedeutenden Einfluss auf die kulturelle Identität des Landes. Die Erzählungen und Legenden aus dieser Zeit sind Teil des reichen kulturellen Erbes und prägen bis heute die Vorstellungen und das Selbstverständnis der georgischen Gesellschaft.

Aufstieg des Christentums – Georgiens Bekehrung

Der Aufstieg des Christentums in Georgien markierte einen bedeutenden Wendepunkt in der Geschichte des Landes. Die Bekehrung zu dieser neuen Religion hatte tiefgreifende Auswirkungen auf die georgische Gesellschaft, Kultur und Politik.

Die genaue Herkunft des Christentums in Georgien ist nicht eindeutig geklärt, aber die Überlieferungen deuten darauf hin, dass die ersten christlichen Einflüsse bereits im 1. Jahrhundert n. Chr. Eintrafen. Gemäß der Legende soll der Apostel Andreas, einer der Jünger Jesu, das Christentum nach Georgien gebracht haben.

Der Durchbruch des Christentums in Georgien ist jedoch eng mit dem Namen der heiligen Nino verbunden. Nino, eine christliche Missionarin, die im 4. Jahrhundert nach Georgien kam, spielte eine entscheidende Rolle bei der Verbreitung des christlichen Glaubens. Sie soll das georgische Alphabet verwendet haben, um die Bibel ins Georgische zu übersetzen und die Botschaft des Christentums zu verkünden.

Die Bekehrung des georgischen Königs Mirian III. im Jahr 337 n. Chr. markiert einen Wendepunkt in der Geschichte Georgiens. Mirian III. wurde zum ersten christlichen König Georgiens und leitete damit die offizielle Annahme des Christentums als Staatsreligion ein.

Die Bekehrung zum Christentum hatte weitreichende Auswirkungen auf die georgische Gesellschaft. Der christliche Glaube wurde allmählich in die Strukturen der Gesellschaft integriert, und die Kirche erlangte eine zentrale Rolle. Die georgische Orthodoxe Kirche wurde zur tragenden Säule des georgischen Christentums und zur Hüterin des religiösen und kulturellen Erbes des Landes.

Unter der Schirmherrschaft der Kirche wurden zahlreiche Kirchen, Klöster und theologische Schulen errichtet. Diese religiösen Institutionen dienten nicht nur der Ausübung des Glaubens, sondern spielten auch eine wichtige Rolle bei der Bewahrung der georgischen Sprache, Kultur und Identität.

Das Christentum beeinflusste auch die georgische Kunst und Architektur. Kirchen und Klöster wurden zu zentralen Elementen der georgischen Landschaft. Die georgische Sakralkunst zeichnete sich durch ihre ikonographischen Darstellungen, kunstvollen Fresken, Wandmalereien und Schmuckarbeiten aus.

Die Verbreitung des Christentums in Georgien führte auch zu engeren Verbindungen mit anderen christlichen Ländern und Regionen. Der Kontakt mit dem Byzantinischen Reich und anderen orthodoxen Kirchen prägte den religiösen Austausch, die theologischen Diskurse und die liturgische Praxis.

Die Bekehrung zum Christentum hatte auch politische Implikationen. Die enge Verbindung zwischen dem georgischen Königshaus und der Kirche verstärkte den Einfluss der Kirche auf die Politik und die Herrschaftsstrukturen. Die Kirche spielte eine aktive Rolle bei der Gestaltung des georgischen Staates und bei der Aufrechterhaltung der nationalen Identität.

Trotz der Bekehrung zum Christentum blieben in Georgien weiterhin Elemente des früheren Glaubens erhalten. Traditionelle georgische Bräuche und Rituale wurden mit christlichen Traditionen verschmolzen, was zu einer einzigartigen Synthese aus alten und neuen religiösen Praktiken führte.

Das Christentum hat bis heute einen bedeutenden Platz in der georgischen Gesellschaft. Die georgische Orthodoxe Kirche ist eine der ältesten christlichen Kirchen der Welt und hat eine starke Anhängerschaft. Der Glaube prägt das Leben der Menschen in Georgien, ihre Feste, ihre Bräuche und ihre Wertvorstellungen.

Einblick in das mittelalterliche Georgien – Königreiche und Dynastien

Das mittelalterliche Georgien war geprägt von einer Vielzahl von Königreichen, dynastischen Herrschaften und politischen Herausforderungen. In diesem Kapitel werden wir uns mit den bedeutendsten Königreichen und Dynastien befassen, die das mittelalterliche Georgien geprägt haben.

Eines der herausragendsten Königreiche in dieser Zeit war das Königreich Iberien, das auch als Kartli bekannt war. Iberien war das zentrale Königreich und hatte seine Hauptstadt in Tiflis (Tbilisi). Die Könige von Iberien regierten über große Teile des heutigen Georgiens und spielten eine maßgebliche Rolle in der politischen Landschaft der Region.

Ein weiteres wichtiges Königreich war Kachetien. Dieses Königreich erstreckte sich über den östlichen Teil Georgiens und hatte seine Hauptstadt in Telavi. Die Könige von Kachetien, die Bagrationi-Dynastie, waren eine der bedeutendsten Dynastien Georgiens und hatten großen Einfluss auf die Politik, Kultur und Kunst des Landes.

Das Königreich Imeretien war ein weiteres bedeutendes politisches und kulturelles Zentrum im mittelalterlichen Georgien. Imeretien hatte seine Hauptstadt in Kutaisi und erstreckte sich über den westlichen Teil des Landes. Die Bagrationi-Dynastie regierte auch über dieses Königreich und prägte seine Geschichte.

Die georgische Monarchie war geprägt von einer Vielzahl von Dynastien, von denen die Bagrationi-Dynastie die bekannteste und einflussreichste war. Die Bagrationi-Dynastie hatte eine lange Herrschaftstradition und regierte über verschiedene Königreiche und Regionen in Georgien. Ihre Bedeutung erstreckte sich über das Mittelalter hinaus bis in die moderne Zeit.

Das mittelalterliche Georgien war jedoch auch von politischen Konflikten und Auseinandersetzungen geprägt. Die Königreiche waren oft in Fehden und territorialen Streitigkeiten verwickelt, sowohl untereinander als auch mit benachbarten Reichen und Mächten. Dies führte zu politischer Instabilität und machtpolitischen Verschiebungen. Trotz der internen Konflikte und Herausforderungen blühte das mittelalterliche Georgien in kultureller Hinsicht auf. Es war eine Zeit der intensiven künstlerischen und literarischen Entwicklung. Die georgische Architektur erreichte ihren Höhepunkt mit dem Bau prächtiger Kirchen, Klöster und Paläste. Die georgische Literatur erlebte einen Aufschwung mit der Entstehung epischer Dichtungen, religiöser Schriften und historischer Werke.

Die mittelalterliche Gesellschaft in Georgien war geprägt von einer feudalen Struktur. Der Adel und die feudale Elite hatten einen starken Einfluss auf die Politik und die Verteilung von Macht und Ressourcen. Die Bauern und die breite Bevölkerung waren in einer Abhängigkeitsbeziehung zu den feudalen Herren. Das mittelalterliche Georgien war auch durch religiöse Vielfalt geprägt. Neben dem Christentum gab es auch andere religiöse Gruppen, wie zum Beispiel muslimische und jüdische Gemeinschaften. Diese religiöse Vielfalt trug zur kulturellen und intellektuellen Entwicklung des Landes bei.

Die Blütezeit der Königreiche – Georgien im 10. bis 12. Jahrhundert

Das 10. bis 12. Jahrhundert markierte eine herausragende Blütezeit für die Königreiche Georgiens. In diesem Zeitraum erlebte das Land politische Stabilität, kulturelle Entwicklung und wirtschaftlichen Aufschwung. Es war eine Ära des Wohlstands und der künstlerischen Entfaltung, die Georgien zu einem kulturellen Zentrum in der Region machte.

Während dieser Zeit war Georgien in mehrere Königreiche und Regionen unterteilt, die von unterschiedlichen Herrscherdynastien regiert wurden. Die Königreiche Kachetien, Imeretien, Kartli und Tawilisi (Tiflis) waren die bedeutendsten politischen Einheiten in diesem Zeitraum.

Das Königreich Kachetien erlebte unter der Herrschaft der Bagrationi-Dynastie eine Phase des Wohlstands und der kulturellen Entwicklung. Die Könige von Kachetien förderten die Kunst, die Literatur und die Architektur und schufen somit eine reiche kulturelle Atmosphäre. Kachetien wurde zum kulturellen und intellektuellen Zentrum Georgiens.

Das Königreich Imeretien, das ebenfalls von der Bagrationi-Dynastie regiert wurde, erlebte eine ähnliche Blütezeit. Die Könige von Imeretien förderten die Architektur und ließen prächtige Paläste, Kirchen und Klöster errichten. Kutaisi, die Hauptstadt Imeretiens, wurde zu einem kulturellen Zentrum mit einer lebendigen künstlerischen und intellektuellen Szene.

Das Königreich Kartli war ein politisches Zentrum, das die Hauptstadt Tiflis beherbergte. Unter der Herrschaft der Bagrationi-Dynastie erlebte Kartli eine Phase der politischen Stabilität und des wirtschaftlichen Wohlstands. Tiflis entwickelte sich zu einer blühenden Handelsstadt, die wichtige Handelsrouten durchquerte und als Knotenpunkt zwischen Ost und West fungierte.

Die Blütezeit der Königreiche im 10. bis 12. Jahrhundert wurde auch durch eine reiche kulturelle Produktion gekennzeichnet. Die georgische Architektur erreichte einen Höhepunkt mit dem Bau von prächtigen Kirchen und Klöstern, die mit kunstvollen Fresken und Schnitzereien geschmückt waren. Die georgische Literatur blühte auf mit der Entstehung epischer Dichtungen, religiöser Schriften und historischer Werke.

Diese kulturelle Blütezeit war eng mit der georgischen Orthodoxen Kirche verbunden. Die Kirche spielte eine zentrale Rolle bei der Förderung der Künste und der Bildung. Sie unterstützte den Bau von Klöstern und theologischen Schulen und bewahrte das religiöse Erbe des Landes.

Die Blütezeit der Königreiche im 10. bis 12. Jahrhundert war jedoch nicht frei von Herausforderungen. Das Königreich Georgien war weiterhin von äußeren Bedrohungen umgeben, darunter die expandierenden muslimischen Reiche wie das Seldschukenreich und das Byzantinische Reich. Es kam zu Konflikten und territorialen Auseinandersetzungen, die die politische Stabilität des Landes zeitweise gefährdeten.

Trotz dieser Herausforderungen gelang es Georgien, eine bemerkenswerte kulturelle und politische Blütezeit zu erreichen. Die Königreiche waren geprägt von einer starken Identität, einer reichen kulturellen Produktion und einer kultivierten Aristokratie. Diese Ära hat das historische und kulturelle Erbe Georgiens maßgeblich beeinflusst.

Das Goldene Zeitalter der georgischen Kunst und Architektur

Das Goldene Zeitalter der georgischen Kunst und Architektur war eine bemerkenswerte Periode, die das Land im Mittelalter prägte. In diesem Kapitel werden wir uns mit der außergewöhnlichen künstlerischen und architektonischen Entwicklung Georgiens befassen, die zu dieser Zeit stattfand.

Die georgische Kunst und Architektur erlebte im Mittelalter eine außergewöhnliche Blütezeit. Die Bauten dieser Epoche zeichnen sich durch ihre einzigartige Ästhetik, ihre beeindruckende handwerkliche Qualität und ihre künstlerische Raffinesse aus.

Die georgische Architektur zeigte eine Synthese aus verschiedenen Einflüssen, darunter byzantinische, persische und arabische Elemente. Dies führte zur Entstehung eines eigenen georgischen Baustils, der als "georgischer Stil" bekannt wurde.

Kirchen und Klöster spielten eine zentrale Rolle in der georgischen Architektur. Sie wurden als spirituelle Zentren und als Ausdruck des religiösen Glaubens erbaut. Die georgischen Kirchen zeichnen sich durch ihre charakteristische Form aus, die oft einen kreuzförmigen Grundriss mit einer zentralen Kuppel aufweist. Diese Kuppeln sind oft von einem Glockenturm oder einer Tambour umgeben. Ein herausragendes Beispiel für georgische Architektur aus dieser Zeit ist die Swetizchoweli-Kathedrale in Mzcheta. Die Kathedrale, die als UNESCO-Weltkulturerbe gelistet ist, wurde im 11.

Jahrhundert erbaut und gilt als eines der bedeutendsten sakralen Bauwerke Georgiens. Sie verkörpert die Schönheit und Pracht des georgischen Baustils.

Auch die Klöster Georgiens sind beeindruckende Zeugnisse der georgischen Architektur. Das Gelati-Kloster, ebenfalls ein UNESCO-Weltkulturerbe, wurde im 12. Jahrhundert errichtet und ist für seine kunstvollen Fresken und Mosaiken bekannt. Es diente nicht nur als religiöses Zentrum, sondern auch als wichtige Bildungsstätte und Grabstätte für georgische Könige.

Neben der Architektur blühte auch die georgische Kunst in dieser Zeit auf. Die georgische Sakralkunst zeigte sich in der Herstellung von Ikonen, Fresken und religiösen Skulpturen. Die Künstler schufen Meisterwerke, die durch ihre lebendigen Farben, ihre feine Detailarbeit und ihre spirituelle Ausdruckskraft beeindrucken.

Die georgische Literatur entwickelte sich ebenfalls weiter und erlebte eine Blütezeit. Epische Dichtungen, religiöse Texte und historische Werke wurden verfasst und trugen zur kulturellen Vielfalt Georgiens bei. Prominente Dichter und Schriftsteller wie Schota Rustaweli und Ioane Petrizi schufen bedeutende Werke, die bis heute als Meilensteine der georgischen Literatur gelten.

Das Goldene Zeitalter der georgischen Kunst und Architektur spiegelte den Wohlstand, die kulturelle Raffinesse und den künstlerischen Ehrgeiz des mittelalterlichen Georgiens wider. Die Künstler und Architekten dieser Zeit schufen Werke von zeitloser Schönheit und kultureller Bedeutung, die das Erbe des Landes bis heute prägen.

Der georgische Adel und die feudale Gesellschaft

Der georgische Adel und die feudale Gesellschaft spielten eine zentrale Rolle in der mittelalterlichen Gesellschaft Georgiens. In diesem Kapitel werden wir uns mit der Struktur der feudalen Gesellschaft, der Rolle des Adels und den sozialen Dynamiken befassen, die das mittelalterliche Georgien prägten.

Die feudale Gesellschaft Georgiens war hierarchisch organisiert, wobei der Adel an der Spitze der sozialen Struktur stand. Der Adel bestand aus einer Elite von Adelsfamilien, die über Land, Ressourcen und politische Macht verfügten. Sie waren die politischen und wirtschaftlichen Entscheidungsträger und bildeten eine privilegierte Schicht in der Gesellschaft.

Der Adel wurde oft als Fürsten oder Herzöge bezeichnet und hatte erbliche Rechte und Privilegien. Sie regierten über ihre eigenen Ländereien und hatten die Befugnis, über ihre Untergebenen zu herrschen und Steuern zu erheben. Der Adel spielte eine wichtige Rolle bei der Aufrechterhaltung der sozialen Ordnung und der Verteilung von Macht und Ressourcen.

Innerhalb des Adels gab es eine klare Hierarchie. Die mächtigsten Familien, wie die Bagrationi-Dynastie, hatten den höchsten Status und übten oft königliche oder fürstliche Macht aus. Sie genossen ein hohes Ansehen und hatten großen Einfluss auf die politischen Entscheidungen und die Geschicke des Landes.

Unterhalb der mächtigsten Adelsfamilien gab es weitere Adelsränge. Die Adligen wurden nach ihrem Besitz, ihrer militärischen Stärke und ihrer politischen Bedeutung eingestuft. Der Adelsstand wurde oft durch familiäre Verbindungen und die Größe des Landbesitzes bestimmt.

Die feudale Gesellschaft war jedoch nicht nur auf den Adel beschränkt. Es gab auch eine breite Schicht von Bauern und Leibeigenen, die die Grundlage der Wirtschaft bildeten. Diese Bauern waren von den Adelsfamilien abhängig und mussten Abgaben in Form von Naturalien oder Arbeit leisten. Die Bauern hatten wenig soziale Mobilität und ihre soziale Stellung war eng mit dem Landbesitz und der Unterstützung des Adels verbunden. Die feudale Gesellschaft war auch von Verwandtschafts- und Clan-Verbindungen geprägt. Die Adelsfamilien pflegten enge Beziehungen untereinander, oft durch Heiraten und familiäre Allianzen. Diese Verbindungen dienten dazu, politische und wirtschaftliche Macht zu stärken und die Stabilität der feudalen Ordnung zu gewährleisten.

Die feudale Gesellschaft in Georgien war jedoch nicht statisch. Es gab Dynamiken des Aufstiegs und des Niedergangs innerhalb des Adels. Familien konnten ihren sozialen Status durch militärische Erfolge, politische Bündnisse oder wirtschaftliche Stärke verbessern. Umgekehrt konnten sie ihren Status verlieren, wenn sie in Ungnade fielen oder ihren Einfluss verloren.

Die feudale Gesellschaft war auch in politische Konflikte und Machtkämpfe verwickelt. Verschiedene Adelsfamilien konkurrierten um politische Macht, Landbesitz und Einfluss. Es kam zu Auseinandersetzungen und Fehden zwischen den Adelsfamilien, die oft mit Gewalt und Waffengewalt ausgetragen wurden.

Die georgische Sprache und Kultur – Ein Erbe aus der Vergangenheit

Die georgische Sprache und Kultur sind ein reiches Erbe aus der Vergangenheit Georgiens. In diesem Kapitel werden wir uns mit der einzigartigen georgischen Sprache, ihrer Geschichte und ihrer Bedeutung für die georgische Kultur befassen.

Die georgische Sprache ist eine der ältesten lebenden Sprachen der Welt und hat eine lange Geschichte, die bis in die antike Zeit zurückreicht. Sie gehört zur kartvelischen Sprachfamilie und hat eine reiche und komplexe grammatische Struktur. Die georgische Schrift verwendet ein eigenes Alphabet, das georgische Schriftzeichen umfasst.

Die georgische Sprache hat im Laufe der Geschichte verschiedene Einflüsse erfahren, darunter persische, arabische und russische Einflüsse. Trotz dieser Einflüsse hat die georgische Sprache ihre einzigartigen Charakteristika bewahrt und ist ein wichtiger Bestandteil der nationalen Identität Georgiens.

Die georgische Sprache spielt eine zentrale Rolle in der georgischen Kultur. Sie ist die Sprache der Literatur, der Poesie, des Theaters und der Musik. Zahlreiche Werke der georgischen Literatur wurden in georgischer Sprache verfasst und sind Teil des kulturellen Erbes des Landes.

Die georgische Literatur hat eine lange Tradition, die bis ins Mittelalter zurückreicht. Epische Dichtungen wie "Der Recke im Tigerfell" von Schota Rustaweli und religiöse

Texte wie "Der Märtyrerdom der Heiligen Königin Schuschanik" sind Beispiele für die reiche georgische Literaturtradition.

Auch die georgische Musik ist eng mit der georgischen Sprache verbunden. Traditionelle georgische Lieder und Chöre, wie der mehrstimmige georgische Gesang "Chakrulo", sind Ausdruck der kulturellen Identität des Landes. Die georgische Musik zeichnet sich durch ihren harmonischen Gesangsstil, ihre einzigartigen Melodien und ihre rhythmische Vielfalt aus.

Die georgische Kultur ist auch durch ihre traditionelle Kunst und Handwerkskunst geprägt. Die georgische Volkskunst umfasst verschiedene Bereiche wie Töpferei, Weberei, Holzschnitzerei und Schmuckherstellung. Diese Kunstformen spiegeln die kulturelle Vielfalt und die handwerkliche Fertigkeit der georgischen Bevölkerung wider.

Die georgische Küche ist ein weiterer wichtiger Aspekt der georgischen Kultur. Die georgische Küche zeichnet sich durch ihre Vielfalt, ihre reichhaltigen Aromen und ihre traditionellen Zubereitungsmethoden aus. Gerichte wie Khinkali (gefüllte Teigtaschen), Khachapuri (georgisches Käsebrot) und Tschatscha (georgischer Grillspieß) sind beliebte Spezialitäten, die die kulinarische Tradition Georgiens repräsentieren.

Die georgische Sprache und Kultur sind ein kostbares Erbe aus der Vergangenheit, das bis heute lebendig und präsent ist. Sie prägen die georgische Identität, fördern den Zusammenhalt der Gemeinschaft und dienen als Brücke zur Vergangenheit.

Handel und Seidenstraße – Georgiens Rolle im internationalen Handel

Der Handel spielte eine wichtige Rolle in der Geschichte Georgiens und das Land hatte eine bedeutende Position entlang der historischen Seidenstraße. In diesem Kapitel werden wir uns mit der Rolle Georgiens im internationalen Handel und der Bedeutung der Seidenstraße für das Land befassen.

Georgien liegt an einer geografisch strategischen Position zwischen Europa und Asien. Diese geografische Lage hat das Land zu einem wichtigen Handelsknotenpunkt gemacht, der verschiedene Handelsrouten miteinander verband. Eine der bekanntesten und bedeutendsten Handelsrouten war die Seidenstraße, die von China über Zentralasien bis nach Europa führte.

Die Seidenstraße war ein Netzwerk von Handelsrouten, das nicht nur den Austausch von Waren ermöglichte, sondern auch den kulturellen Austausch und die Verbreitung von Ideen förderte. Die Route erstreckte sich über Tausende von Kilometern und umfasste verschiedene Länder und Regionen. Georgien war ein wichtiger Durchgangspunkt entlang dieser Handelsroute und profitierte von ihrem Einfluss.

Georgien war bekannt für seine handwerklichen Produkte, insbesondere seine Seidenproduktion. Die Seidenherstellung hatte eine lange Tradition in Georgien und das Land war für seine hochwertigen Seidenstoffe und -produkte bekannt. Georgische Seide war auf den Märkten des Nahen Ostens und Europas gefragt und trug zum wirtschaftlichen Wohlstand des Landes bei.

Der Handel entlang der Seidenstraße brachte Georgien auch den Zugang zu verschiedenen Waren und Gütern aus anderen Teilen der Welt. Produkte wie Gewürze, edle Stoffe, Metalle, Edelsteine, Keramik und exotische Lebensmittel wurden über die Handelsrouten nach Georgien gebracht und sorgten für eine reiche Vielfalt an Waren und Produkten auf den lokalen Märkten.

Der internationale Handel brachte auch kulturellen Austausch und Vielfalt nach Georgien. Reisende, Händler und Karawanen, die entlang der Seidenstraße reisten, brachten nicht nur Waren mit, sondern auch Ideen, religiöse Einflüsse und kulturelle Praktiken. Dies führte zu einer kulturellen Bereicherung und zu einem regen kulturellen Austausch in Georgien.

Georgien war auch ein wichtiger Umschlagplatz für den Handel zwischen Europa und Asien. Waren aus Europa, wie beispielsweise Textilien, Metallwaren und Wein, wurden nach Georgien gebracht und von dort aus weiter nach Asien transportiert. Gleichzeitig wurden Waren aus Asien, wie Seide, Gewürze und exotische Waren, nach Georgien gebracht und von dort aus nach Europa weiterverkauft.

Der internationale Handel brachte nicht nur wirtschaftlichen Wohlstand, sondern hatte auch politische und kulturelle Auswirkungen. Durch den Handel entstanden Handelszentren und Handelsstädte entlang der Handelsrouten, die zu wichtigen Knotenpunkten wurden. Tiflis (heute Tbilisi) entwickelte sich zu einer blühenden

Handelsstadt, die als Schmelztiegel verschiedener Kulturen und Nationen diente.

Der Handel entlang der Seidenstraße und die Rolle Georgiens im internationalen Handel haben das Land geprägt und beeinflusst. Sie trugen zur wirtschaftlichen Entwicklung des Landes bei, brachten kulturellen Austausch und Vielfalt und festigten die geopolitische Bedeutung Georgiens als Handelsknotenpunkt.

Die georgische Schrift und das Erbe des Alphabets

Die georgische Schrift ist ein faszinierendes Erbe, das die Identität und Kultur Georgiens geprägt hat. In diesem Kapitel werden wir uns mit der Entstehung der georgischen Schrift, ihrer Bedeutung und einigen Beispielen für ihre einzigartigen Schriftzeichen befassen.

Die georgische Schrift hat eine lange Geschichte, die bis ins 5. Jahrhundert zurückreicht. Sie entwickelte sich aus dem aramäischen Alphabet, das in der Region weit verbreitet war. Das georgische Alphabet wird als Mchedruli bezeichnet und besteht aus 33 Buchstaben. Die georgische Schrift zeichnet sich durch ihre einzigartigen Schriftzeichen aus, die eine klare und markante Ästhetik haben. Die Buchstaben sind kantig und haben eine charakteristische Form, die sie von anderen Alphabetsystemen unterscheidet. Einige georgische Buchstaben ähneln denen anderer Schriftsysteme, aber es gibt auch Schriftzeichen, die in keiner anderen Schrift vorkommen.

Ein Beispiel für ein einzigartiges georgisches Schriftzeichen ist der Buchstabe "ხ" (ch). Dieser Buchstabe ähnelt keinem anderen Schriftzeichen in anderen Alphabetsystemen und hat eine charakteristische Form. Ein weiteres Beispiel ist der Buchstabe "ყ" (q), der ebenfalls nur in der georgischen Schrift vorkommt und einzigartig ist. Die georgische Schrift wurde im Laufe der Jahrhunderte weiterentwickelt und angepasst. Es gibt verschiedene Schreibstile und Variationen der georgischen Schrift, die in verschiedenen historischen Epochen verwendet wurden. Die georgische Schrift hat sich jedoch im Wesentlichen in ihrer ursprünglichen Form erhalten und ist ein wichtiges kulturelles Erbe des Landes. Die georgische Schrift ist nicht nur ein Mittel zur schriftlichen Kommunikation, sondern auch ein Ausdruck der kulturellen Identität Georgiens. Sie wird in Büchern, Zeitungen, Werbetafeln, Inschriften und vielen anderen Bereichen verwendet. Die georgische Schrift ist ein wesentlicher Bestandteil der georgischen Kultur und prägt die visuelle Ästhetik des Landes.

Die georgische Schrift hat auch eine symbolische Bedeutung. Sie repräsentiert die sprachliche Vielfalt und den Reichtum der georgischen Sprache. Die Schrift ist ein Verbindungsglied zwischen Vergangenheit und Gegenwart, ein Erbe, das von Generation zu Generation weitergegeben wird.

Die georgische Schrift ist ein bedeutendes Erbe des Alphabets, das die georgische Kultur bereichert und ein wichtiger Bestandteil der nationalen Identität ist. Sie ist ein Zeugnis der kulturellen Vielfalt und der sprachlichen Traditionen Georgiens.

Ein Beispiel für einen Satz in der georgischen Schrift lautet:

საქართველო სასტუმრო
რამეებისათვის სასტუმროების
ქალქია.

(Sakartvelo sastumro ra-meebisatvis sastumroebis kalakia) - Dies bedeutet "Georgien ist ein Land der Gastfreundschaft mit wunderschönen Städten für Besucher".

Die Mongolen und das Ende der georgischen Unabhängigkeit

Die Mongolen hatten einen erheblichen Einfluss auf die Geschichte Georgiens und markierten einen Wendepunkt für das Land. In diesem Kapitel werden wir uns mit der Zeit der mongolischen Invasion, ihrer Herrschaft und dem Ende der georgischen Unabhängigkeit befassen.

Im 13. Jahrhundert begannen die Mongolen unter der Führung von Dschingis Khan eine große Eroberungswelle, die weite Teile von Eurasien erfasste. Georgien blieb von den Eroberungen nicht verschont und geriet unter die Herrschaft des Mongolischen Reiches.

Die mongolische Invasion hatte weitreichende Auswirkungen auf Georgien. Das Land wurde Teil des Ilchanteils, einer mongolischen Verwaltungseinheit. Die mongolische Herrschaft brachte politische Umwälzungen mit sich und führte zu Veränderungen in der Regierungsstruktur und der sozialen Ordnung des Landes.

Die mongolische Herrschaft über Georgien war komplex und hatte verschiedene Phasen. In einigen Perioden hatten die Mongolen direkte Kontrolle über das Land, während in anderen Perioden georgische Könige als Vasallen der mongolischen Herrscher fungierten. Die Mongolen beeinflussten die georgische Politik und setzten ihren Einfluss auf die Regierung und die politischen Entscheidungen.

Die mongolische Herrschaft hatte auch wirtschaftliche Auswirkungen auf Georgien. Die Mongolen führten eine tributäre Wirtschaft ein, bei der das Land Abgaben an das Mongolische Reich leisten musste. Dies belastete die georgische Wirtschaft und führte zu wirtschaftlichen Schwierigkeiten.

Die mongolische Herrschaft hatte jedoch auch positive Aspekte. Sie förderte den Austausch von Waren und Ideen entlang der Handelsrouten des Mongolischen Reiches und trug zur kulturellen Vielfalt und zum kulturellen Austausch bei. Die Mongolen brachten neue Technologien und Handelsmöglichkeiten nach Georgien.

Die mongolische Herrschaft über Georgien dauerte mehrere Jahrzehnte an, bis das Mongolische Reich im 14. Jahrhundert in verschiedene Teilreiche zerfiel. Dies ermöglichte es den georgischen Königreichen, ihre Unabhängigkeit wiederzuerlangen.

Das Ende der mongolischen Herrschaft markierte jedoch nicht das Ende der Herausforderungen für Georgien. Das Land war weiterhin von politischen Konflikten und Machtkämpfen zwischen den georgischen Königreichen und anderen regionalen Mächten geprägt.

Die mongolische Invasion und die Zeit der mongolischen Herrschaft bedeuteten das Ende der georgischen Unabhängigkeit für eine gewisse Zeit. Sie hinterließen jedoch auch eine komplexe Erbschaft, die die Geschichte und Kultur des Landes geprägt hat.

Timur Lenk und die georgischen Fürstentümer

Timur Lenk, auch bekannt als Tamerlan, war eine bedeutende historische Figur des 14. und 15. Jahrhunderts und hatte einen Einfluss auf die georgischen Fürstentümer. In diesem Kapitel werden wir uns mit der Begegnung zwischen Timur Lenk und den georgischen Fürstentümern befassen und die Auswirkungen dieser Begegnung auf die Region erkunden.

Timur Lenk war ein asiatischer Eroberer und Herrscher, der ein großes Reich errichtete und eine Reihe von Eroberungsfeldzügen unternahm. Im 14. Jahrhundert eroberte er weite Teile Zentralasiens, des Nahen Ostens und Nordindiens. Seine Expansion erreichte auch die Region des Kaukasus, zu der auch Georgien gehörte.

Die Begegnung zwischen Timur Lenk und den georgischen Fürstentümern hatte verschiedene Auswirkungen auf die Region. Timur Lenk führte eine brutale Eroberungspolitik und setzte seine Macht und Autorität über die georgischen Fürstentümer durch. Einige georgische Fürsten unterwarfen sich Timur Lenk, um seine Herrschaft zu akzeptieren und ihre Unabhängigkeit zu bewahren.

Die Beziehung zwischen Timur Lenk und den georgischen Fürstentümern war komplex und hatte verschiedene Facetten. Während einige Fürstentümer mit Timur Lenk zusammenarbeiteten und ihm Tribut zahlten, gab es auch Fürstentümer, die sich seinem Einfluss widersetzten und ihren Widerstand gegen die mongolische Herrschaft fortsetzten.

Timur Lenks Herrschaft brachte jedoch auch Zerstörung und Verwüstung mit sich. Seine Eroberungszüge führten zu Krieg, Plünderungen und dem Niedergang einiger georgischer Städte und Regionen. Der Einfluss von Timur Lenk führte zu politischer Instabilität und einer Verschiebung der Machtverhältnisse in der Region.

Obwohl Timur Lenk einen beträchtlichen Einfluss auf die georgischen Fürstentümer hatte, konnte er keine dauerhafte Kontrolle über das gesamte Gebiet Georgiens ausüben. Die georgischen Fürstentümer bewahrten ihre Identität und Unabhängigkeit und setzten ihren Kampf um Selbstbestimmung fort.

Die Begegnung mit Timur Lenk führte zu einer Zersplitterung der georgischen Fürstentümer und verstärkte die inneren Konflikte zwischen den verschiedenen Herrschaftsfamilien. Dies schwächte die georgische Einheit und begünstigte das Eindringen weiterer regionaler Mächte, die um Einfluss und Territorium kämpften.

Die Begegnung zwischen Timur Lenk und den georgischen Fürstentümern markierte eine turbulente Zeit in der Geschichte Georgiens. Sie führte zu politischer Unsicherheit, territorialen Verschiebungen und einer Veränderung der politischen Landschaft in der Region.

Die georgische Renaissance – Kunst, Literatur und Wissenschaft

Die georgische Renaissance war eine bedeutende Phase in der Geschichte Georgiens, die von einer Blütezeit der Kunst, Literatur und Wissenschaft geprägt war. In diesem Kapitel werden wir uns mit den kulturellen und intellektuellen Entwicklungen dieser Zeit befassen und die einzigartigen Beiträge der georgischen Renaissance untersuchen.

Die georgische Renaissance erstreckte sich vom späten 18. bis zum frühen 19. Jahrhundert und wurde von den Einflüssen der europäischen Aufklärung und der georgischen Kulturtradition geprägt. Es war eine Zeit des intellektuellen Aufbruchs und der kulturellen Erneuerung, die die georgische Gesellschaft in vielerlei Hinsicht transformierte.

In der Kunst erlebte die georgische Renaissance einen Höhepunkt der kreativen Schaffenskraft. Die Malerei, Skulptur und Architektur florierten und es entstanden zahlreiche beeindruckende Kunstwerke. Künstler wie Gigo Gabashvili, Lado Gudiashvili und Niko Pirosmani prägten diese Zeit mit ihren einzigartigen Stilen und künstlerischen Ausdrucksformen. Die georgische Renaissance war auch eine Blütezeit der georgischen Literatur. Schriftsteller wie Alexander Tschawtschawadse, Nikolos Barataschwili und Grigol Orbeliani prägten die georgische Literatur mit ihren Werken. Es entstanden bedeutende literarische Meisterwerke, darunter Gedichte, Romane und Dramen, die die georgische Identität, die Liebe zur Heimat und die sozialen Herausforderungen der Zeit thematisierten.

Darüber hinaus blühten auch die georgische Musik und das Theater während der Renaissancezeit. Theaterstücke wurden aufgeführt, Opernkompositionen wurden geschaffen und georgische Volksmusik erlebte eine Wiederbelebung. Künstler und Komponisten wie Zacharia Paliashvili trugen zur Entwicklung der georgischen Musik und des Theaters bei und schufen ein reiches kulturelles Erbe.

Die georgische Renaissance war auch eine Zeit des wissenschaftlichen Fortschritts und der intellektuellen Erneuerung. Gelehrte und Wissenschaftler wie Iakob Gogebashvili und Dimitri Bakradze trugen zur Weiterentwicklung von Bildung, Wissenschaft und Philosophie bei. Neue Schulen und Bildungseinrichtungen wurden gegründet, um das Wissen und die intellektuelle Bildung der georgischen Bevölkerung zu fördern.

Die georgische Renaissance hatte auch politische Auswirkungen. Sie trug zur Stärkung des nationalen Bewusstseins und zur Förderung der georgischen Identität bei. Die georgische Kultur und Sprache wurden als wichtige Symbole des nationalen Erbes gefördert und geschützt.

Die georgische Renaissance war jedoch keine homogene Bewegung, sondern ein komplexes Zusammenspiel verschiedener Strömungen und Ideen. Es gab auch politische und soziale Herausforderungen, die die positive Entwicklung beeinträchtigten. Dennoch hinterließ die georgische Renaissance einen tiefgreifenden Einfluss auf die georgische Kultur und prägte das geistige Erbe des Landes bis heute.

Die Eroberung durch das Osmanische Reich und persische Einflüsse

Die Eroberung Georgiens durch das Osmanische Reich und der Einfluss Persiens waren bedeutende Ereignisse in der Geschichte des Landes. In diesem Kapitel werden wir uns mit den Auswirkungen dieser Eroberungen und Einflüsse auf Georgien befassen und die historischen Ereignisse beleuchten.

Im 16. Jahrhundert begann das Osmanische Reich, seine territoriale Expansion nach Osten voranzutreiben. Dies führte zur Eroberung großer Teile Georgiens, insbesondere der westlichen und südlichen Regionen des Landes. Das Osmanische Reich brachte seine eigene Verwaltungsstruktur und Herrschaftsordnung in die eroberten Gebiete ein.

Die osmanische Herrschaft hatte verschiedene Auswirkungen auf Georgien. Das Land wurde Teil des osmanischen Verwaltungssystems und musste Tribut an das Osmanische Reich leisten. Es kam zu politischen und sozialen Umwälzungen, die die georgische Gesellschaft prägten. Die georgischen Fürstentümer behielten jedoch teilweise ihre lokale Autonomie und ihre eigenen Herrschaftsstrukturen.

Gleichzeitig übte Persien, das damals unter der Safawiden-Dynastie stand, Einfluss auf Georgien aus. Persien hatte Ambitionen, seine Kontrolle über die Region zu erweitern und beanspruchte Ansprüche auf georgisches Territorium.

Dies führte zu Konflikten zwischen Persien und dem Osmanischen Reich um die Vorherrschaft in Georgien.

Die persischen Einflüsse in Georgien waren vielfältig. Kulturelle Austausche fanden statt, und die persische Sprache und Kultur hinterließen ihre Spuren in bestimmten Teilen des Landes. Persien übte auch politischen Einfluss auf die georgischen Fürstentümer aus und setzte seine Interessen und Ansprüche durch.

Die osmanische Herrschaft und der persische Einfluss hatten auch wirtschaftliche Auswirkungen auf Georgien. Die Handelsrouten und der Handel mit dem Osmanischen Reich und Persien entwickelten sich weiter. Georgien war ein wichtiger Durchgangspunkt für den Handel zwischen Europa und Asien und profitierte von dieser geografischen Lage.

Die Eroberung Georgiens und der Einfluss des Osmanischen Reiches und Persiens führten jedoch auch zu politischer Instabilität und sozialen Herausforderungen. Das Land war in eine geopolitische Auseinandersetzung zwischen den beiden Mächten verwickelt und wurde zum Schauplatz von Konflikten und Kriegen.

Die osmanische Herrschaft und der persische Einfluss dauerten über einen längeren Zeitraum an und hatten unterschiedliche Phasen. In einigen Perioden konnte Georgien relative Autonomie bewahren, während es in anderen Perioden unter direkterer Kontrolle stand. Diese wechselnden politischen Gegebenheiten prägten die georgische Geschichte und die Beziehungen zu den benachbarten Mächten.

Das goldene Zeitalter von Kachetien – Der Aufstieg einer georgischen Provinz

Das goldene Zeitalter von Kachetien war eine bemerkenswerte Periode in der Geschichte Georgiens, in der eine georgische Provinz zu politischer, wirtschaftlicher und kultureller Blüte gelangte. In diesem Kapitel werden wir uns mit dem Aufstieg von Kachetien und den bedeutenden Entwicklungen während dieser Zeit befassen.

Kachetien, eine Provinz im Osten Georgiens, war im 16. und 17. Jahrhundert das Zentrum eines unabhängigen georgischen Königreichs unter der Herrschaft der Bagrationi-Dynastie. Während dieser Zeit erlebte Kachetien eine bemerkenswerte Transformation und entwickelte sich zu einer politischen und kulturellen Hochburg.

Unter der Führung von König Heraklius II. erreichte Kachetien seinen Höhepunkt als eigenständiges Königreich. Heraklius II. war ein visionärer Herrscher, der eine Reihe von Reformen und Maßnahmen umsetzte, um das Land zu modernisieren und seinen Einfluss zu stärken. Er investierte in die Entwicklung der Landwirtschaft, förderte den Handel und schuf günstige Rahmenbedingungen für die wirtschaftliche Entwicklung.

Die Wirtschaft von Kachetien blühte während dieser Zeit auf. Die Provinz wurde zu einem wichtigen Zentrum des Handels und der Landwirtschaft. Es wurden neue Handelsrouten erschlossen und der Handel mit benachbarten Ländern wie Persien, dem Osmanischen

Reich und Russland florierte. Kachetien wurde bekannt für seine landwirtschaftlichen Produkte, insbesondere Wein und Seide.

Das goldene Zeitalter von Kachetien war auch geprägt von einer bemerkenswerten kulturellen Blüte. Die Kunst, Literatur und Architektur erlebten einen Aufschwung. Künstler und Schriftsteller aus Kachetien schufen bedeutende Werke und trugen zur kulturellen Vielfalt und Entwicklung des Landes bei. Prominente Persönlichkeiten wie der Dichter Alexander Tschawtschawadse und der Historiker Sumbat Davitisdze hinterließen bedeutende kulturelle Erbstücke. Die geistige Entwicklung wurde durch die Gründung von Bildungseinrichtungen und Akademien gefördert. Diese Institutionen dienten der Ausbildung junger Talente und trugen zur Verbreitung von Wissen und Bildung in der Provinz bei. Kachetien wurde zu einem Zentrum des georgischen Lernens und der intellektuellen Entfaltung.

Das goldene Zeitalter von Kachetien war jedoch nicht frei von Herausforderungen. Die Provinz stand in ständiger Konkurrenz zu anderen georgischen Fürstentümern und war gelegentlich von politischen Unruhen betroffen. Darüber hinaus kämpfte Kachetien um seine Unabhängigkeit und musste mit den Einflüssen benachbarter Mächte wie Persien und dem Osmanischen Reich umgehen. Trotz dieser Herausforderungen bleibt das goldene Zeitalter von Kachetien ein bemerkenswertes Kapitel in der georgischen Geschichte. Es symbolisiert den Aufstieg einer georgischen Provinz zu politischer, wirtschaftlicher und kultureller Bedeutung und zeigt das Potenzial und den Einfluss, den einzelne Regionen in einem Land entfalten können.

Georgien unter russischer Herrschaft – Das Zarenreich erobert den Kaukasus

Die Zeit der russischen Herrschaft über Georgien war eine entscheidende Periode in der Geschichte des Landes, die das Ende der georgischen Unabhängigkeit und eine Phase des politischen, kulturellen und sozialen Wandels markierte. In diesem Kapitel werden wir uns mit der Eroberung Georgiens durch das Zarenreich und den Auswirkungen dieser Herrschaft befassen.

Im 18. Jahrhundert begann das Russische Zarenreich seine Expansion in den Kaukasus und eroberte nach und nach georgisches Territorium. Der Krieg zwischen Russland und Persien bildete den Rahmen für diese Eroberungen. In den folgenden Jahrzehnten wurde Georgien nach und nach unter die Kontrolle des Zarenreichs gebracht.

Die russische Herrschaft über Georgien hatte verschiedene Auswirkungen auf das Land und seine Bevölkerung. Politisch gesehen wurde Georgien Teil des Russischen Zarenreichs und verlor seine Unabhängigkeit als eigenständiges politisches Gebilde. Die georgischen Fürstentümer und Königreiche wurden abgeschafft, und die lokale Verwaltung wurde nach russischem Vorbild umstrukturiert.

Die russische Herrschaft brachte auch wirtschaftliche und soziale Veränderungen mit sich. Das Zarenreich investierte in die Infrastruktur und die wirtschaftliche Entwicklung Georgiens. Es wurden Straßen, Eisenbahnen und andere Infrastrukturprojekte errichtet, die den Handel und die

Kommunikation erleichterten. Die moderne Landwirtschaft wurde gefördert, und neue Technologien wurden eingeführt.

Die russische Herrschaft hatte auch Auswirkungen auf die georgische Kultur und Identität. Die georgische Sprache, Kultur und Religion wurden respektiert und blieben erhalten, aber die georgische Gesellschaft wurde zunehmend von russischen Einflüssen geprägt. Bildungseinrichtungen wurden gegründet, um russische Sprache und Kultur zu fördern, und russische Bürokratie und Gesetze wurden eingeführt. Während der russischen Herrschaft kam es auch zu politischen und sozialen Spannungen. Es gab verschiedene Aufstände und Widerstände gegen die russische Vorherrschaft, die von Teilen der georgischen Bevölkerung unterstützt wurden. Gleichzeitig gab es jedoch auch Georgier, die die Zusammenarbeit mit den russischen Behörden suchten und von den neuen Möglichkeiten und Chancen profitierten, die die russische Herrschaft mit sich brachte.

Die Zeit der russischen Herrschaft über Georgien war von Widersprüchen und Ambivalenzen geprägt. Auf der einen Seite brachte sie politische Stabilität und wirtschaftliche Entwicklung, auf der anderen Seite führte sie zu einem Verlust der Unabhängigkeit und einer gewissen Assimilation in das Russische Zarenreich.

Es ist wichtig anzumerken, dass die Perspektiven auf die russische Herrschaft über Georgien unterschiedlich sind und bis heute kontrovers diskutiert werden. Einige betrachten sie als eine Periode des Fortschritts und der Modernisierung, während andere die Verluste der Unabhängigkeit und die Unterdrückung georgischer Identität betonen.

Der georgische Nationalismus und die Suche nach Unabhängigkeit

Der georgische Nationalismus und die Suche nach Unabhängigkeit sind wichtige Kapitel in der Geschichte Georgiens, die von einem starken nationalen Bewusstsein und dem Bestreben nach politischer Selbstbestimmung geprägt waren. In diesem Kapitel werden wir uns mit dem Aufstieg des georgischen Nationalismus, den politischen Bewegungen und den Ereignissen befassen, die zur Unabhängigkeit Georgiens führten.

Der georgische Nationalismus entwickelte sich im 19. Jahrhundert als Reaktion auf die russische Herrschaft und die Bestrebungen nach Selbstbestimmung. Inspiriert von nationalistischen Strömungen in Europa und anderen Teilen der Welt begannen georgische Intellektuelle, Schriftsteller und Aktivisten, eine starke georgische Identität zu betonen und den Wunsch nach nationaler Unabhängigkeit zu artikulieren.

Während des 19. und 20. Jahrhunderts entstanden verschiedene politische Bewegungen und Organisationen, die den georgischen Nationalismus förderten. Die Georgische Sozialdemokratische Partei, die Nationaldemokratische Partei und andere nationalistische Gruppen setzten sich für die Rechte und Interessen der georgischen Bevölkerung ein und forderten die Wiederherstellung der Unabhängigkeit Georgiens.

Der georgische Nationalismus wurde auch durch kulturelle und intellektuelle Bewegungen gestärkt. Schriftsteller und Künstler wie Ilia Tschawtschawadse, Niko Pirosmani und

Galaktion Tabidse setzten sich für die Förderung der georgischen Kultur, Sprache und Geschichte ein. Durch ihre Werke inspirierten sie das georgische Volk und schufen ein Bewusstsein für die eigene nationale Identität.

Die Suche nach Unabhängigkeit führte zu politischen Spannungen und Konflikten. In den ersten Jahrzehnten des 20. Jahrhunderts erlebte Georgien eine Phase der Unruhe und Unsicherheit, in der verschiedene politische Kräfte um die Kontrolle und Richtung des Landes kämpften. Es gab sowohl gewaltfreie Proteste und politische Aktivitäten als auch bewaffnete Auseinandersetzungen um die georgische Unabhängigkeit.

Während des Ersten Weltkriegs nutzten Georgier die Gelegenheit, ihre Unabhängigkeit zu erklären. Im Jahr 1918 wurde die Demokratische Republik Georgien gegründet, die erste unabhängige georgische Regierung seit Jahrhunderten. Die Republik wurde international anerkannt und setzte sich für demokratische Reformen, Menschenrechte und den Aufbau eines modernen georgischen Staates ein.

Die Unabhängigkeit Georgiens war jedoch von kurzer Dauer. Im Jahr 1921 wurde das Land von der Sowjetunion erobert und in die Transkaukasische SFSR eingegliedert. Die Sowjetisierung Georgiens führte zu politischer Repression, wirtschaftlicher Umstrukturierung und einer Einschränkung der politischen Freiheiten.

Trotz der sowjetischen Herrschaft blieb der georgische Nationalismus lebendig. Im Laufe der Jahrzehnte entwickelte sich eine starke Untergrundbewegung, die für die Unabhängigkeit Georgiens kämpfte. In den 1990er Jahren, nach dem Zusammenbruch der Sowjetunion, erlangte Georgien schließlich erneut seine Unabhängigkeit und wurde eine unabhängige Republik.

Der georgische Nationalismus und die Suche nach Unabhängigkeit sind wichtige Aspekte der georgischen Geschichte, die die georgische Identität und den politischen Kurs des Landes geprägt haben. Sie sind Ausdruck des Strebens nach Freiheit, Selbstbestimmung und nationaler Einheit.

Georgien in der Sowjetunion – Die turbulenten Jahre des 20. Jahrhunderts

Die Eingliederung Georgiens in die Sowjetunion und die folgenden turbulenten Jahre des 20. Jahrhunderts hatten einen tiefgreifenden Einfluss auf das Land und seine Bevölkerung. In diesem Kapitel werden wir uns mit dieser Zeit der sowjetischen Herrschaft befassen und die bedeutenden Ereignisse und Entwicklungen beleuchten.

Im Jahr 1921 wurde Georgien von der Sowjetunion erobert und in die Transkaukasische Sozialistische Föderative Sowjetrepublik (kurz Transkaukasien) eingegliedert. Dies war Teil der sowjetischen Expansion und der Umgestaltung der politischen Landschaft in der Region.

Die sowjetische Herrschaft über Georgien führte zu weitreichenden Veränderungen in verschiedenen Bereichen des Lebens. Politisch wurde das Land in die sowjetische Verwaltungsstruktur integriert und die kommunistische Partei übernahm die Kontrolle über die politischen Institutionen. Georgien wurde Teil der Sowjetunion und war eine der Unionsrepubliken innerhalb des sowjetischen Staatsgefüges.

Die sowjetische Herrschaft brachte auch wirtschaftliche und soziale Veränderungen mit sich. Die sowjetische Planwirtschaft wurde in Georgien eingeführt, was zu umfassenden Umstrukturierungen führte. Industrien wurden verstaatlicht, kollektive Landwirtschaft wurde gefördert und sozialpolitische Programme wurden implementiert. Diese Veränderungen hatten sowohl positive als auch negative Auswirkungen auf die georgische Gesellschaft.

Die sowjetische Herrschaft hatte auch kulturelle Auswirkungen. Die georgische Sprache und Kultur wurden zwar formal anerkannt, aber der sowjetische Einfluss führte zu einer gewissen Assimilation und der Verbreitung der russischen Sprache und Kultur. Dennoch gelang es der georgischen Kultur, ihre Identität und Einzigartigkeit zu bewahren, und es entstanden bedeutende Werke in Literatur, Kunst und Musik.

In den 1930er Jahren erlebte Georgien wie der Rest der Sowjetunion eine Phase der stalinistischen Repression. Es kam zu politischen Säuberungen, Verhaftungen und Hinrichtungen von Oppositionellen und Intellektuellen. Viele Menschen in Georgien waren von dieser Repression betroffen, und es hinterließ tiefe Spuren in der georgischen Gesellschaft.

Während des Zweiten Weltkriegs spielte Georgien eine wichtige Rolle. Viele Georgier kämpften auf Seiten der Sowjetunion gegen die deutsche Invasion und leisteten einen bedeutenden Beitrag zum Sieg über das nationalsozialistische Deutschland. Der Krieg hinterließ jedoch schwere Verluste und Schäden in Georgien.

Nach dem Zweiten Weltkrieg erlebte Georgien eine Zeit der Wiederherstellung und des Wiederaufbaus. Die sowjetische Regierung investierte in die Infrastruktur, den Wohnungsbau und die wirtschaftliche Entwicklung des Landes. Georgien entwickelte sich zu einem wichtigen Zentrum der sowjetischen Kultur, Bildung und Wissenschaft.

In den späten 1980er Jahren begannen jedoch politische Unruhen und Forderungen nach Unabhängigkeit in Georgien zu wachsen. Dies war Teil der allgemeinen Perestroika-Bewegung in der Sowjetunion, die zu politischen Veränderungen und einem neuen politischen Bewusstsein führte. Georgien erlebte Proteste, Demonstrationen und politische Mobilisierung, die letztendlich zur Erlangung der Unabhängigkeit im Jahr 1991 führten.

Die Zeit Georgiens in der Sowjetunion war geprägt von einer Mischung aus politischen Repressionen, sozialen Veränderungen, wirtschaftlichen Herausforderungen und kulturellen Entwicklungen. Sie hatte sowohl positive als auch negative Auswirkungen auf die georgische Gesellschaft und Identität.

Der georgische Bürgerkrieg und der Weg zur Unabhängigkeit

Der georgische Bürgerkrieg und der Weg zur Unabhängigkeit waren entscheidende Ereignisse in der jüngeren Geschichte Georgiens, die das Land und seine Bevölkerung stark geprägt haben. In diesem Kapitel werden wir uns mit den Ursachen, Verlauf und Auswirkungen des georgischen Bürgerkriegs befassen, der letztendlich zur Erlangung der Unabhängigkeit führte.

Der georgische Bürgerkrieg begann Anfang der 1990er Jahre, nachdem Georgien seine Unabhängigkeit von der Sowjetunion erklärt hatte. Der Zusammenbruch der Sowjetunion und die politischen Veränderungen in der Region lösten Spannungen und Konflikte aus, die zu einem bewaffneten Konflikt zwischen verschiedenen politischen Gruppen und ethnischen Minderheiten führten.

Der Bürgerkrieg war von einer Vielzahl politischer, wirtschaftlicher und sozialer Faktoren geprägt. Es gab Spannungen zwischen verschiedenen politischen Fraktionen, die um die Kontrolle und Ausrichtung des Landes kämpften. Ethnische Konflikte und Unruhen entstanden in Regionen mit Minderheitengruppen wie Abchasien und Südossetien.

Der Bürgerkrieg hatte schwerwiegende Auswirkungen auf die georgische Gesellschaft und Bevölkerung. Es kam zu gewaltsamen Auseinandersetzungen, Menschenrechtsverletzungen und Vertreibungen. Die wirtschaftliche Situation verschlechterte sich, und die soziale Infrastruktur des Landes wurde stark beeinträchtigt.

Der Krieg führte zu erheblichem Leid und menschlichem Verlust.

Inmitten des Bürgerkriegs suchte Georgien nach einem Weg zur Unabhängigkeit und zur Stabilisierung des Landes. Es gab Bemühungen, politische Verhandlungen und Friedensgespräche zu führen, um den Konflikt zu lösen und eine Grundlage für eine nachhaltige Entwicklung zu schaffen. Internationale Vermittler und Organisationen wie die Vereinten Nationen waren in den Friedensprozess involviert.

Im Jahr 1992 wurde ein Waffenstillstandsabkommen unterzeichnet, das den bewaffneten Konflikt vorerst beendete. Dennoch blieben die Konflikte in Abchasien und Südossetien ungelöst, und die Regionen erklärten ihre Unabhängigkeit von Georgien. Dies führte zu anhaltenden Spannungen und zu einer komplexen politischen Situation in Georgien.

Die Kämpfe und politischen Unruhen in den 1990er Jahren legten den Grundstein für eine langsame Stabilisierung und Konsolidierung des georgischen Staates. Politische Reformen, der Aufbau demokratischer Institutionen und die Integration in internationale Organisationen waren wichtige Schritte auf dem Weg zur Unabhängigkeit und zur Sicherung der georgischen Souveränität.

Die georgische Unabhängigkeit wurde 1991 offiziell anerkannt, und das Land begann eine Phase des Wiederaufbaus und der Neugestaltung. Georgien suchte nach Möglichkeiten der wirtschaftlichen Entwicklung, der Stärkung der Demokratie und der Förderung der Rechtsstaatlichkeit. Es knüpfte internationale Beziehungen und engagierte sich für regionale Zusammenarbeit.

Die Ereignisse des georgischen Bürgerkriegs und der Weg zur Unabhängigkeit haben das moderne Georgien geprägt und die Herausforderungen und Chancen aufgezeigt, die mit einem solchen historischen Übergang verbunden sind. Das Land hat sich seitdem weiterentwickelt und steht vor neuen Herausforderungen und Perspektiven.

Die Rose Revolution – Georgien im 21. Jahrhundert

Die Rose Revolution markierte einen bedeutenden Wendepunkt in der jüngeren Geschichte Georgiens und hatte weitreichende Auswirkungen auf das politische, wirtschaftliche und soziale Leben des Landes. In diesem Kapitel werden wir uns mit den Ereignissen der Rose Revolution und den Entwicklungen in Georgien im 21. Jahrhundert befassen.

Die Rose Revolution fand im Jahr 2003 statt und war eine friedliche Massenprotestbewegung gegen die Wahlfälschungen und die korrupte Regierungsführung in Georgien. Angeführt von Oppositionsführer Micheil Saakaschwili und unterstützt von einer breiten Bevölkerungsbewegung, forderten die Demonstranten eine gerechtere und transparentere Regierungsführung.

Die Proteste gipfelten in der Absetzung des damaligen Präsidenten Eduard Schewardnadse und der Übernahme der Macht durch Saakaschwilis Partei, die Vereinte Nationale Bewegung. Diese friedliche Machtübergabe wurde international als ein Beispiel für demokratische Veränderungen und Volksbeteiligung gewürdigt.

Die Rose Revolution hatte erhebliche Auswirkungen auf die politische Landschaft Georgiens. Es wurden umfassende politische Reformen eingeleitet, um Korruption zu bekämpfen, demokratische Institutionen zu stärken und Rechtsstaatlichkeit zu fördern. Es wurden freie und faire Wahlen abgehalten, und es entstand eine neue politische

Kultur, die von größerer Offenheit und Transparenz geprägt war.

Georgien nutzte die Chancen nach der Rose Revolution, um eine wirtschaftliche und soziale Transformation anzustreben. Das Land führte umfassende Wirtschaftsreformen durch, um ein günstiges Geschäftsklima zu schaffen und ausländische Investitionen anzuziehen. Es wurden Maßnahmen ergriffen, um die Verwaltung zu modernisieren, die Infrastruktur zu verbessern und die Armut zu bekämpfen.

In den folgenden Jahren verfolgte Georgien eine prowestliche Außenpolitik und strebte eine Integration in europäische und internationale Strukturen an. Das Land entwickelte enge Beziehungen zu den Vereinigten Staaten, der Europäischen Union und anderen internationalen Akteuren. Georgien wurde Mitglied verschiedener regionaler Organisationen wie der Organisation für Sicherheit und Zusammenarbeit in Europa (OSZE) und der Eurasischen Wirtschaftsunion.

Trotz der erzielten Fortschritte gab es jedoch auch Herausforderungen und Schwierigkeiten auf dem Weg. Das Verhältnis zu Russland blieb angespannt, insbesondere aufgrund von Konflikten in den abtrünnigen Regionen Abchasien und Südossetien. Diese Regionen erklärten ihre Unabhängigkeit von Georgien und wurden von Russland unterstützt, was zu anhaltenden Spannungen führte.

Die Entwicklungen in Georgien im 21. Jahrhundert waren vielfältig und komplex. Das Land hat Erfolge erzielt, aber auch Rückschläge erlebt. Politische Herausforderungen, wirtschaftliche Reformen und soziale Entwicklungen prägen weiterhin die georgische Gesellschaft.

Georgien bleibt ein Land im Wandel, das bestrebt ist, seine demokratischen Institutionen zu stärken, die wirtschaftliche Entwicklung voranzutreiben und regionale Konflikte zu überwinden. Die Zukunft des Landes hängt von den Entscheidungen und Anstrengungen seiner Bürgerinnen und Bürger ab, sowie von den Entwicklungen auf regionaler und internationaler Ebene.

Die Tierwelt Georgiens – Ein Paradies für Naturliebhaber

Die Tierwelt Georgiens ist äußerst vielfältig und beeindruckend. Das Land bietet eine Fülle an einzigartigen Tierarten, die in den verschiedenen Ökosystemen und Landschaften Georgiens heimisch sind. Von majestätischen Raubtieren bis hin zu seltenen Vögeln und endemischen Arten ist die Tierwelt Georgiens ein wahres Paradies für Naturliebhaber.

Einige der bemerkenswertesten Tierarten Georgiens sind die Kaukasische Gämse, auch bekannt als Tschetschenez, und der Kaukasische Steinbock. Beide Arten sind an die felsigen Bergregionen des Kaukasus angepasst und können in den Nationalparks und Schutzgebieten des Landes beobachtet werden. Diese majestätischen Huftiere sind ein Symbol für die wilde Schönheit der georgischen Berglandschaft.

In den Wäldern Georgiens leben verschiedene Raubtiere, darunter der Eurasische Luchs, der Braunbär und der Kaukasische Leopard. Der Kaukasische Leopard ist eine äußerst seltene und bedrohte Art, von der nur noch eine kleine Population in den Hochgebirgsregionen Georgiens existiert. Der Schutz und Erhalt dieser faszinierenden Art ist von großer Bedeutung für den Naturschutz in der Region.

Die Gewässer Georgiens beherbergen eine Vielzahl von Fischarten, darunter die endemischen Kaukasusforellen. Diese Forellenarten sind an die klaren und kühlen Flüsse und Seen Georgiens angepasst und sind bei Anglern und

Naturliebhabern gleichermaßen beliebt. Die Gewässer bieten auch Lebensraum für verschiedene Amphibien- und Reptilienarten, wie die Kaspische Wasserschildkröte und die Kaukasische Viper.

Der Vogelreichtum Georgiens ist ebenfalls bemerkenswert. Das Land liegt auf den Zugrouten vieler Vogelarten und ist ein wichtiger Rastplatz für Zugvögel. Viele Arten, darunter Störche, Adler, Geier und verschiedene Singvögel, sind in den georgischen Wäldern, Bergen und Feuchtgebieten anzutreffen. Der Nationalpark Kolkheti und der Nationale Vogelschutzpark am Paliastomi-See sind beliebte Orte für Vogelbeobachtungen.

Georgien ist auch für seine vielfältige Insektenwelt bekannt. Die wunderschönen Schmetterlinge, darunter der Apollofalter und der Kaukasus-Malvenfalter, sind in den Blumenwiesen und Bergregionen des Landes zu finden. In den sommerlichen Nächten kann man die Glühwürmchen bewundern, die mit ihrem sanften Leuchten die Landschaft erhellen.

Der Schutz der Tierwelt Georgiens ist von großer Bedeutung für den Erhalt der natürlichen Ökosysteme und die Aufrechterhaltung der biologischen Vielfalt. Georgien hat Schutzgebiete und Nationalparks eingerichtet, um die einzigartige Tierwelt zu bewahren und Besuchern die Möglichkeit zu geben, diese wunderbaren Kreaturen in ihrem natürlichen Lebensraum zu erleben.

Die Tierwelt Georgiens ist zweifellos ein Paradies für Naturliebhaber. Die Vielfalt der Arten und die atemberaubende Schönheit der Landschaft machen Georgien zu einem einzigartigen Reiseziel für alle, die die Wunder der Natur entdecken möchten.

Der Kaukasus – Naturwunder im Herzen Georgiens

Der Kaukasus ist ein atemberaubendes Naturwunder im Herzen Georgiens. Diese majestätische Gebirgskette erstreckt sich über eine Länge von etwa 1.200 Kilometern und erstreckt sich von der Schwarzmeerküste bis zum Kaspischen Meer. Mit seinen imposanten Gipfeln, tiefen Schluchten, grünen Tälern und wilden Flüssen ist der Kaukasus eine beeindruckende Landschaft von großer Schönheit und biologischer Vielfalt.

Der georgische Teil des Kaukasus ist geprägt von einer einzigartigen Flora und Fauna, die an die extremen Bedingungen des Gebirges angepasst ist. Die Region beherbergt eine Vielzahl von Pflanzenarten, von blühenden Alpenblumen und Hochgebirgswiesen bis hin zu dichten Nadelwäldern und alten Laubwäldern. Viele dieser Pflanzen sind endemisch für den Kaukasus und tragen zur biologischen Vielfalt der Region bei.

Der Kaukasus ist auch Lebensraum für eine beeindruckende Tierwelt. Wie bereits erwähnt, finden sich hier majestätische Raubtiere wie der Kaukasische Leopard, der Eurasische Luchs und der Braunbär. Darüber hinaus leben hier verschiedene Huftiere, darunter die Kaukasische Gämse und der Kaukasische Steinbock. Diese Tierarten haben sich an die steilen Felswände und das alpine Gelände des Kaukasus angepasst.

Die Flüsse und Seen des Kaukasus sind von großer ökologischer Bedeutung. Sie sind Heimat vieler Fischarten, darunter die Kaukasusforelle, eine endemische Art, die nur in klaren Berggewässern zu finden ist. Diese Gewässer sind auch Lebensraum für Amphibien wie den Kaukasischen Wassermolch und den Kaukasischen Bachfrosch.

Die Bergregionen des Kaukasus bieten auch Lebensraum für eine Vielzahl von Vogelarten. Wanderfalken, Steinadler, Bartgeier und andere Greifvögel ziehen hier ihre Kreise. Zahlreiche Singvogelarten wie Nachtigallen, Pirole und Blaumeisen können in den Wäldern des Kaukasus beobachtet werden. Der Kaukasus ist auch ein wichtiges Durchzugsgebiet für Zugvögel auf ihren jährlichen Wanderungen.

Die Landschaft des Kaukasus ist von großer Bedeutung für den Wasserhaushalt der Region. Hier entspringen zahlreiche Flüsse, die das umliegende Land mit Wasser versorgen. Die Gletscher des Kaukasus sind ebenfalls von großer ökologischer Bedeutung, da sie Quellen für Trinkwasser und Lebensraum für eine einzigartige alpine Flora und Fauna sind.

Der Kaukasus ist nicht nur ein Naturparadies, sondern auch ein kulturelles Zentrum. Die Region ist seit langem ein Schmelztiegel verschiedener Kulturen und Ethnien. Die Menschen im Kaukasus haben ihre eigenen Traditionen, Sprachen und Bräuche entwickelt, die eng mit der Natur und den Bergen verbunden sind. Die Kaukasusvölker haben eine reiche kulturelle Vielfalt geschaffen, die sich in Musik, Tanz, Kunsthandwerk und Gastronomie widerspiegelt.

Der Kaukasus ist ein Ort der Inspiration und des Staunens. Wanderer, Bergsteiger, Naturforscher und Kulturliebhaber finden hier gleichermaßen faszinierende Erlebnisse. Die georgische Regierung hat verschiedene Schutzgebiete und Nationalparks im Kaukasus eingerichtet, um diese einzigartige Natur- und Kulturlandschaft zu bewahren und Besuchern die Möglichkeit zu geben, sie zu entdecken.

Der Kaukasus ist zweifellos eines der Naturwunder im Herzen Georgiens. Die Schönheit, Vielfalt und Bedeutung dieser Gebirgskette sind unbestreitbar. Es ist ein Ort, an dem sich Mensch und Natur auf einzigartige Weise begegnen, und ein Ort, der dazu einlädt, die Wunder der Natur zu erkunden und zu schätzen.

Tbilisi – Die pulsierende Hauptstadt Georgiens

Tbilisi, die Hauptstadt Georgiens, ist eine faszinierende Stadt mit einer reichen Geschichte, lebendiger Kultur und pulsierendem Leben. In diesem Kapitel werden wir uns mit den verschiedenen Facetten von Tbilisi befassen, von seiner Geschichte über seine architektonische Vielfalt bis hin zu seiner kulturellen Szene.

Tbilisi liegt im östlichen Teil Georgiens am Ufer des Flusses Mtkvari und ist eine der ältesten Hauptstädte der Welt. Die Stadt wurde im 5. Jahrhundert gegründet und hat im Laufe der Jahrhunderte eine bewegte Geschichte erlebt. Zahlreiche kulturelle, politische und wirtschaftliche Einflüsse haben das Gesicht der Stadt geprägt.

Die Architektur von Tbilisi ist ein eindrucksvolles Zeugnis der verschiedenen Epochen und Stile, die in der Stadt vorherrschen. Die Altstadt von Tbilisi, auch bekannt als Alt-Tbilisi oder Altstadtviertel, ist ein UNESCO-Weltkulturerbe und beherbergt eine Fülle von historischen Gebäuden, engen Gassen und malerischen Plätzen. Hier finden sich Gebäude im traditionellen georgischen Stil, aber auch Einflüsse aus dem Osmanischen Reich, der russischen Architektur und dem Jugendstil.

Ein bekanntes Wahrzeichen von Tbilisi ist die Friedensbrücke, eine moderne Stahlbrücke, die das traditionelle und das moderne Tbilisi verbindet. Weitere markante Gebäude und Sehenswürdigkeiten sind die Narikala-Festung, die auf einem Hügel über der Stadt thront, die Sioni-Kathedrale, die Sameba-Kathedrale und der Freiheitsplatz mit seinem charakteristischen Denkmal.

Tbilisi ist auch für seine Thermalquellen bekannt, die den Namen der Stadt inspiriert haben. In der Altstadt befinden sich mehrere Schwefelbäder, in denen die Besucher in heißen mineralhaltigen Quellen entspannen können. Diese traditionellen Bäder sind seit Jahrhunderten ein Teil des georgischen Lebens und spiegeln die einzigartige Kultur und Gastfreundschaft des Landes wider.

Die kulturelle Szene in Tbilisi ist lebendig und vielfältig. Die Stadt beherbergt eine Reihe von Theatern, Opernhäusern, Museen und Galerien, in denen Besucher die reiche kulturelle Geschichte und Kunstszene Georgiens erkunden können. Das Rustaveli-Theater und das Staatliche Akademische Opern- und Balletttheater Tiflis sind beliebte Veranstaltungsorte für Theateraufführungen, Opern und Ballettvorstellungen.

Tbilisi ist auch für sein lebendiges Nachtleben bekannt. Die Stadt bietet eine breite Palette von Restaurants, Bars, Clubs und Live-Musikveranstaltungen, die eine pulsierende Atmosphäre schaffen. Besucher können georgische Küche genießen, die für ihre reichhaltigen Aromen und traditionellen Gerichte wie Chinkali (georgische Teigtaschen) und Khachapuri (georgisches Käsebrot) bekannt ist.

Die Menschen in Tbilisi sind für ihre Gastfreundschaft und ihren stolzen nationalen Geist bekannt. Die Stadt bietet eine einzigartige Mischung aus Tradition und Moderne, die sich in ihrer Architektur, Kultur und Lebensweise widerspiegelt. Tbilisi ist ein Schmelztiegel verschiedener Ethnien und

Kulturen, die harmonisch nebeneinander existieren und die Stadt zu einem einladenden und dynamischen Ort machen.

Tbilisi ist zweifellos eine Stadt, die es wert ist, erkundet zu werden. Ihre Geschichte, Architektur, kulturelle Szene und lebhafte Atmosphäre machen sie zu einem unvergesslichen Reiseziel für Besucher aus aller Welt.

Batumi – Eine Perle am Schwarzen Meer

Batumi, eine malerische Stadt am Ufer des Schwarzen Meeres, ist eine wahre Perle Georgiens. In diesem Kapitel werden wir uns mit den verschiedenen Aspekten von Batumi befassen, von seiner reichen Geschichte über seine einzigartige Architektur bis hin zu seinen vielfältigen Attraktionen und dem Charme dieser Küstenstadt.

Batumi liegt im Südwesten Georgiens und ist eine der wichtigsten Hafenstädte des Landes. Die Stadt hat eine lange und wechselvolle Geschichte, die bis in die Antike zurückreicht. Im Laufe der Jahrhunderte war Batumi ein wichtiger Handels- und Kulturort und hat eine Vielzahl von kulturellen und architektonischen Einflüssen erfahren.

Die Architektur von Batumi ist ein faszinierendes Zusammenspiel aus traditionellen und modernen Stilen. In der Altstadt von Batumi finden sich Gebäude im traditionellen georgischen Stil, darunter historische Holzhäuser und orthodoxe Kirchen. Diese historische Atmosphäre schafft einen charmanten Kontrast zur modernen Architektur, die in den letzten Jahrzehnten entstanden ist.

Ein herausragendes Beispiel für moderne Architektur in Batumi ist der Batumi Boulevard. Dieser wunderschöne Küstenpark erstreckt sich entlang des Meeres und bietet herrliche Ausblicke auf das Schwarze Meer. Der Boulevard ist gesäumt von modernen Gebäuden, luxuriösen Hotels, Restaurants, Cafés und Unterhaltungseinrichtungen. Hier können Besucher die frische Meeresluft genießen, spazieren gehen und den Sonnenuntergang bewundern.

Eine weitere markante Sehenswürdigkeit in Batumi ist der Ali und Nino-Brunnen. Dieses moderne Kunstwerk, das ein Paar darstellt, das sich umarmt und sich im Kreis dreht, symbolisiert die Liebe und den Kontrast zwischen Ost und West. Der Brunnen ist zu einem beliebten Treffpunkt für Einheimische und Touristen geworden und ist ein Symbol für die kosmopolitische Natur der Stadt.

Batumi bietet auch eine Reihe von Museen und kulturellen Einrichtungen, die Besuchern Einblicke in die Geschichte und Kultur der Region ermöglichen. Das Batumi State Maritime Museum widmet sich der maritimen Geschichte Georgiens und zeigt Exponate von antiken Schiffen bis hin zu modernen Seefahrtsausrüstungen. Das Batumi Archaeological Museum präsentiert archäologische Funde aus der Region und gibt einen Einblick in die frühe Geschichte von Batumi.

Die Stadt beherbergt auch eine lebendige Kulturszene mit Theateraufführungen, Musikveranstaltungen und Festivals. Das Batumi State Drama Theatre ist eines der renommiertesten Theater in Georgien und bietet ein abwechslungsreiches Programm mit Stücken von nationalen und internationalen Künstlern. Das Black Sea Jazz Festival, eines der größten Musikfestivals in der Region, zieht jährlich tausende Besucher an und bietet erstklassige Jazz- und Fusion-Musik.

Batumi ist auch für seine Sandstrände bekannt, die im Sommer ein beliebtes Reiseziel für Einheimische und Touristen sind. Die Strände bieten die Möglichkeit zum Sonnenbaden, Schwimmen und verschiedenen

Wassersportaktivitäten. Entlang der Strandpromenade gibt es zahlreiche Strandbars und Restaurants, in denen Besucher lokale Spezialitäten und erfrischende Getränke genießen können.

Batumi ist zweifellos eine Perle am Schwarzen Meer. Mit seiner reichen Geschichte, einzigartigen Architektur, vielfältigen Attraktionen und dem Charme der Küstenstadt bietet es Besuchern ein unvergessliches Erlebnis.

Die historischen Schätze Georgiens – UNESCO-Weltkulturerbestätten

Georgien beherbergt eine beeindruckende Anzahl von historischen Stätten, die von der UNESCO als Weltkulturerbe anerkannt wurden. Diese Stätten sind von großer Bedeutung für die Geschichte, Kultur und Architektur des Landes. In diesem Kapitel werden wir uns mit einigen der bemerkenswertesten UNESCO-Weltkulturerbestätten in Georgien befassen.

1. Das Kloster Gelati: Das Kloster Gelati, im 12. Jahrhundert gegründet, liegt in der Nähe der Stadt Kutaisi und wurde wegen seiner architektonischen und künstlerischen Bedeutung zum UNESCO-Weltkulturerbe erklärt. Das Kloster beherbergt eine Vielzahl von Fresken, Mosaiken und kunstvoll verzierten Gebäuden. Es diente einst als geistiges und kulturelles Zentrum Georgiens und ist ein herausragendes Beispiel für die georgische mittelalterliche Architektur.
2. Die Kathedrale Swetizchoweli: Die Kathedrale Swetizchoweli in der Stadt Mzcheta ist eine der ältesten orthodoxen Kirchen Georgiens und ein wichtiges geistliches Zentrum des Landes. Die Kathedrale wurde im 11. Jahrhundert erbaut und ist bekannt für ihre einzigartige architektonische Gestaltung. Sie spielt eine bedeutende Rolle in der georgischen Religionsgeschichte und beherbergt angeblich die Heilige Lanze, mit der Jesus am Kreuz verwundet wurde.
3. Das Kloster Bagrati: Das Kloster Bagrati, ebenfalls in der Nähe von Kutaisi gelegen, wurde im 11.

Jahrhundert erbaut und gehört zu den bedeutendsten historischen Stätten Georgiens. Die Klosterkirche ist ein herausragendes Beispiel für die georgische Architektur des Mittelalters und beeindruckt mit ihren kunstvollen Verzierungen und Fresken. Leider wurde das Kloster im Laufe der Zeit schwer beschädigt, doch Restaurierungsarbeiten haben begonnen, um seine einstige Pracht wiederherzustellen.
4. Die Höhlenstadt Uplistsikhe: Uplistsikhe ist eine antike Höhlenstadt, die in der Region Kartli liegt und als eine der ältesten Siedlungen Georgiens gilt. Die Stadt wurde in den Fels gehauen und ist ein bemerkenswertes Beispiel für die georgische Felsenarchitektur. Uplistsikhe war einst ein bedeutendes religiöses und kulturelles Zentrum und beherbergt zahlreiche Höhlenwohnungen, Tempel und Theater.
5. Die Historische Region Svanetien: Die historische Region Svanetien, im Nordwesten Georgiens gelegen, umfasst eine Vielzahl von mittelalterlichen Wehrtürmen und Kirchen, die in einer beeindruckenden Berglandschaft eingebettet sind. Diese einzigartige Kombination aus Natur- und Kulturerbe hat dazu geführt, dass die Region von der UNESCO als Weltkulturerbe anerkannt wurde. Die Wehrtürme sind charakteristisch für die traditionelle svanische Architektur und dienten einst als Schutz vor feindlichen Angriffen.

Diese UNESCO-Weltkulturerbestätten sind nur einige Beispiele für die reiche historische und kulturelle Vielfalt Georgiens. Sie zeugen von der bedeutenden Rolle, die das Land in der Geschichte der Region und darüber hinaus gespielt hat.

Das Erbe der Goldenen Ära – Architektur und Kunst in Georgien heute

Die goldene Ära der georgischen Architektur und Kunst hat einen starken Einfluss auf das moderne kulturelle und künstlerische Erbe des Landes. In diesem Kapitel werden wir uns mit der zeitgenössischen Architektur und Kunst in Georgien befassen, die von der reichen Tradition und dem Erbe vergangener Epochen inspiriert ist.

In den letzten Jahrzehnten hat sich Georgien zu einem kreativen Zentrum entwickelt, in dem Architekten und Künstler ihre Talente entfalten und neue Ausdrucksformen finden können. Dies spiegelt sich in der Vielfalt der architektonischen Stile und der zeitgenössischen Kunstszene des Landes wider.

Die moderne Architektur in Georgien präsentiert eine interessante Mischung aus traditionellen Elementen und zeitgenössischen Designs. In Tbilisi sind viele Gebäude im traditionellen georgischen Stil erhalten geblieben und wurden liebevoll restauriert. Gleichzeitig wurden aber auch innovative moderne Gebäude errichtet, die das Stadtbild prägen. Architekten setzen auf nachhaltige Bauweisen und nutzen innovative Materialien, um sowohl ästhetisch ansprechende als auch umweltfreundliche Gebäude zu schaffen.

Ein Beispiel für moderne Architektur in Georgien ist das neue Konzert- und Opernhaus in Tbilisi, das im Jahr 2016 eröffnet wurde. Das Gebäude beeindruckt mit seiner futuristischen Gestaltung und bietet eine moderne

Spielstätte für musikalische Aufführungen. Es steht in starkem Kontrast zu den historischen Gebäuden in der Altstadt und zeigt den Wandel und die künstlerische Entwicklung des Landes.

Die zeitgenössische Kunstszene in Georgien ist ebenfalls vielfältig und dynamisch. Künstlerinnen und Künstler aus verschiedenen Bereichen wie Malerei, Skulptur, Installation, Fotografie und Performancekunst finden hier eine Plattform für ihre Kreativität. Es gibt zahlreiche Galerien und Kunsträume, in denen lokale und internationale Künstler ihre Werke präsentieren können.

Georgische Künstlerinnen und Künstler lassen sich häufig von der reichen Kultur und Geschichte des Landes inspirieren. Sie nutzen traditionelle Motive, Symbole und Techniken, um zeitgenössische Kunstwerke zu schaffen, die die Vergangenheit und die Gegenwart miteinander verbinden. Dabei entstehen einzigartige Werke, die die künstlerische Vielfalt und den innovativen Geist Georgiens widerspiegeln.

Die zeitgenössische Kunstszene in Georgien ist auch durch internationale Austauschprogramme, Ausstellungen und Biennalen bereichert. Georgische Künstlerinnen und Künstler haben die Möglichkeit, ihre Werke im Ausland zu präsentieren und mit anderen Kreativen aus aller Welt in Kontakt zu treten. Dies fördert den interkulturellen Dialog und trägt zur globalen Wahrnehmung der georgischen Kunst bei.

Georgien ist stolz auf sein kulturelles Erbe und setzt sich aktiv für den Schutz und die Förderung der Kunst und Architektur ein. Regierungsinitiativen und kulturelle Institutionen unterstützen Künstlerinnen und Künstler, fördern den künstlerischen Austausch und setzen sich für den Erhalt des kulturellen Erbes ein.

Das Erbe der Goldenen Ära prägt weiterhin die moderne Architektur und Kunst in Georgien. Die Anerkennung der Vergangenheit und die gleichzeitige Offenheit für neue kreative Ausdrucksformen haben zu einer blühenden Kulturszene geführt.

Die georgische Küche – Eine kulinarische Entdeckungsreise

Die georgische Küche ist bekannt für ihre Vielfalt, ihren Geschmack und ihre einzigartigen Aromen. Sie spiegelt die reiche kulinarische Tradition und die kulturelle Vielfalt des Landes wider. In diesem Kapitel werden wir uns auf eine kulinarische Entdeckungsreise begeben und die Besonderheiten der georgischen Küche kennenlernen.

Eine der bekanntesten Spezialitäten der georgischen Küche ist das Khachapuri, ein georgisches Käsebrot, das in verschiedenen Varianten zubereitet wird. Es besteht aus einem Hefeteig, der mit verschiedenen Käsesorten gefüllt wird. Die bekanntesten Arten sind das Imeruli-Khachapuri, das aus Mozzarella-ähnlichem Käse besteht, und das Adjarian-Khachapuri, bei dem der Käse mit einem Ei und Butter gekrönt wird.

Ein weiteres beliebtes Gericht ist das Chinkali, eine Art georgische Teigtaschen, die mit Hackfleisch, Zwiebeln und Gewürzen gefüllt sind. Die Teigtaschen werden traditionell mit den Händen gegessen und sind eine wahre Delikatesse. Sie werden oft mit einem Hauch von Pfeffer gewürzt und mit einem Schluck des traditionellen georgischen Traubenschnapses, dem Chacha, begleitet.

In der georgischen Küche spielt auch das Grillen eine wichtige Rolle. Das Nationalgericht Schaschlik besteht aus mariniertem Fleisch, das auf einem Spieß gegrillt wird. Es gibt verschiedene Varianten, darunter Schaschlik aus Schweinefleisch, Lammfleisch oder Hühnchen. Das Fleisch wird oft mit frischen Kräutern, Gewürzen und Zitronensaft mariniert, was ihm einen intensiven Geschmack verleiht.

Eine weitere Spezialität, die man in Georgien probieren sollte, ist das Lobio, ein georgischer Bohneneintopf. Die Bohnen werden mit Gewürzen, Kräutern und manchmal auch Fleisch gekocht. Es gibt viele Variationen des Lobio, je nach Region und persönlichen Vorlieben. Es wird oft mit frischem Brot serviert und ist ein beliebtes Gericht in georgischen Haushalten.

Die georgische Küche ist auch für ihre Vielfalt an frischem Obst und Gemüse bekannt. Georgien ist reich an landwirtschaftlichen Ressourcen, und die traditionelle georgische Küche nutzt diese Vielfalt in ihren Gerichten. Frische Tomaten, Gurken, Paprika und Kräuter spielen eine wichtige Rolle in Salaten und Beilagen.

Ein weiterer Höhepunkt der georgischen Küche sind die Süßspeisen. Das bekannteste Dessert ist das Churchkhela, ein traditioneller georgischer Snack aus Nüssen, die in einer Schicht aus eingedicktem Traubensaft umhüllt sind. Es gibt verschiedene Varianten des Churchkhela, darunter solche mit Walnüssen, Mandeln oder Haselnüssen.

Die georgische Küche ist auch für ihre Gastfreundschaft und den geselligen Charakter bekannt. Es ist üblich, dass in georgischen Haushalten reichhaltige Mahlzeiten mit einer Vielzahl von Speisen und Getränken serviert werden. Die georgische Tafel ist ein Ort des Genusses und der Geselligkeit, an dem Familie und Freunde zusammenkommen und die köstlichen Speisen gemeinsam genießen.

In den letzten Jahren hat die georgische Küche auch international an Anerkennung gewonnen. Georgische Restaurants und Küchenchefs erweitern ihre kulinarische Palette und bieten innovative Interpretationen traditioneller Gerichte. Dies hat dazu geführt, dass die georgische Küche auch außerhalb Georgiens immer mehr Beachtung findet.

Die georgische Küche ist zweifellos eine kulinarische Entdeckungsreise wert. Ihre einzigartigen Geschmacksrichtungen, die Verwendung von frischen Zutaten und die traditionsreichen Gerichte machen sie zu einem besonderen Erlebnis für jeden Gaumen.

Weinbau und Weintraditionen – Die edlen Tropfen Georgiens

Georgien hat eine lange Geschichte des Weinbaus und gilt als eine der ältesten Weinregionen der Welt. Die Tradition des Weinbaus reicht Tausende von Jahren zurück und hat eine tiefe Verwurzelung in der georgischen Kultur. In diesem Kapitel werden wir uns mit dem Weinbau und den Weintraditionen in Georgien befassen und die edlen Tropfen kennenlernen, die das Land zu bieten hat.

Georgien verfügt über ein einzigartiges Weinanbaugebiet, das durch seine geografische Lage, das Klima und die Bodenbeschaffenheit begünstigt wird. Die Weinregionen erstrecken sich über das gesamte Land und bieten eine Vielfalt an Mikroklimazonen und Bodentypen, die den Weinbau vielfältig und reich machen.

Ein bemerkenswertes Merkmal der georgischen Weinproduktion ist die Verwendung von Qvevri, speziellen irdenen Tongefäßen, um den Wein zu fermentieren und zu lagern. Diese traditionelle Methode des Weinmachens hat eine lange Geschichte und ist ein wichtiger Teil der georgischen Weintradition. Die Qvevri werden in den Boden eingegraben und ermöglichen eine natürliche Gärung und Lagerung des Weins, wodurch einzigartige Geschmacksprofile und Aromen entstehen.

In Georgien gibt es eine große Vielfalt an Rebsorten, sowohl einheimische als auch internationale. Zu den bekanntesten einheimischen Sorten gehören Saperavi und Rkatsiteli. Saperavi ist eine rote Traubensorte, die für ihren kraftvollen Charakter und ihre tiefe Farbe bekannt ist.

Rkatsiteli hingegen ist eine weiße Traubensorte, die frische und aromatische Weine hervorbringt. Neben diesen einheimischen Sorten werden auch internationale Rebsorten wie Cabernet Sauvignon, Merlot und Chardonnay angebaut.

Der georgische Wein hat eine besondere Bedeutung in der georgischen Kultur und Gesellschaft. Wein spielt eine wichtige Rolle bei gesellschaftlichen Zusammenkünften, Festen und Feierlichkeiten. Er wird mit großer Gastfreundschaft und Stolz präsentiert und ist ein Symbol für Zusammengehörigkeit und Wohlstand.

Georgien ist stolz auf seine Weintraditionen und hat eine reiche Auswahl an Weintourismusangeboten. Besucher haben die Möglichkeit, die Weinregionen zu erkunden, Weingüter zu besichtigen, an Verkostungen teilzunehmen und das reiche kulturelle Erbe des georgischen Weins kennenzulernen.

Die georgische Weinindustrie hat sich in den letzten Jahren weiterentwickelt und exportiert zunehmend georgische Weine in verschiedene Länder. Die Qualität und Vielfalt der georgischen Weine haben internationale Anerkennung gefunden, und georgische Weine werden auf renommierten Weinwettbewerben und in Weinpublikationen weltweit gelobt.

Der georgische Weinbau und die Weintraditionen sind ein wichtiger Teil des kulturellen Erbes des Landes und spielen eine bedeutende Rolle in der georgischen Identität. Der Weinbau ist eng mit der Geschichte, den Traditionen und der Gastfreundschaft der georgischen Menschen verbunden.

Die georgische Polyphonie – Harmonie aus Stimmen

Die georgische Polyphonie ist eine einzigartige Form des mehrstimmigen Gesangs, die in der georgischen Musiktradition eine zentrale Rolle spielt. Es handelt sich um eine harmonische Klangwelt, bei der mehrere Stimmen gleichzeitig singen und dabei komplexe Melodien und rhythmische Strukturen erzeugen. In diesem Kapitel werden wir uns mit der faszinierenden Welt der georgischen Polyphonie beschäftigen und ihre Bedeutung in der georgischen Kultur erforschen.

Die georgische Polyphonie hat eine lange Geschichte, die bis in die prähistorische Zeit zurückreicht. Sie ist in verschiedenen Regionen Georgiens zu finden und weist regionale Variationen auf. Jede Region hat ihre eigenen Stile, Melodien und Gesangstechniken, die die Vielfalt und den Reichtum der georgischen Polyphonie ausmachen.

Eines der bemerkenswertesten Merkmale der georgischen Polyphonie ist die Verwendung von offenen Vokalen, die den Klang und die Harmonie der Gesänge prägen. Die verschiedenen Stimmen weben ein komplexes Netz von Melodien und Rhythmen, wodurch ein einzigartiges und fesselndes Klangerlebnis entsteht.

Die georgische Polyphonie umfasst sowohl männliche als auch weibliche Gesangsgruppen. Männerchöre werden als "Mgzavrebi" bezeichnet, während Frauenchöre als "Krimanchuli" bekannt sind. Diese Chöre können aus wenigen Mitgliedern bis hin zu großen Gruppen bestehen und treten bei verschiedenen Anlässen wie Hochzeiten, Festivals und kulturellen Veranstaltungen auf.

Die georgische Polyphonie ist nicht nur ein musikalisches Phänomen, sondern auch ein wichtiger Ausdruck der georgischen Identität und Kultur. Sie spiegelt die enge Verbundenheit der georgischen Menschen mit ihrer Tradition und Geschichte wider. Die Lieder erzählen von Liebe, Natur, Arbeit, Heldenmut und dem täglichen Leben und schaffen eine Verbindung zur Vergangenheit und zur gemeinschaftlichen Erfahrung.

Die georgische Polyphonie hat auch internationale Anerkennung gefunden und wird weltweit geschätzt. Sie wurde von der UNESCO zum immateriellen Kulturerbe der Menschheit erklärt und ist ein Symbol für die kulturelle Vielfalt und den Reichtum Georgiens.

In den letzten Jahren hat die georgische Polyphonie eine Renaissance erlebt, da sie verstärkt in der modernen Musikszene präsent ist. Musikerinnen und Musiker integrieren Elemente der georgischen Polyphonie in zeitgenössische Musikgenres und schaffen so eine Verbindung zwischen Tradition und Innovation.

Die georgische Polyphonie ist eine Quelle der Freude, der Emotionen und des kulturellen Austauschs. Sie lädt dazu ein, in die reiche musikalische Welt Georgiens einzutauchen und die Harmonie aus Stimmen zu erleben.

Georgische Gastfreundschaft – Eine Kultur des Willkommens

Die georgische Gastfreundschaft ist weltweit für ihre Herzlichkeit, Großzügigkeit und Offenheit bekannt. Sie ist tief in der georgischen Kultur und Tradition verwurzelt und prägt das gesellschaftliche Miteinander sowie das tägliche Leben. In diesem Kapitel werden wir uns mit der faszinierenden Kultur der georgischen Gastfreundschaft befassen und ihre Bedeutung für die georgische Gesellschaft untersuchen.

Georgische Gastfreundschaft ist weit mehr als nur eine Höflichkeitsgeste. Es ist eine kulturelle Haltung, die auf einer tiefen Wertschätzung für den Gast und das Teilen von Freude und Wohlstand basiert. Die georgische Gastfreundschaft drückt sich in der Bereitschaft aus, Gäste herzlich zu empfangen und ihnen ein Gefühl von Zugehörigkeit zu vermitteln.

In Georgien wird Gastfreundschaft als eine Verpflichtung angesehen. Gastgeberinnen und Gastgeber bemühen sich, ihren Gästen den bestmöglichen Empfang zu bieten und für ihr Wohlergehen zu sorgen. Dabei spielt es keine Rolle, ob es sich um Freunde, Verwandte oder Fremde handelt. Jeder Gast wird herzlich willkommen geheißen und als Teil der Familie betrachtet.

Ein zentrales Element der georgischen Gastfreundschaft ist das gemeinsame Essen. Es ist üblich, Gäste mit einer Fülle an Speisen und Getränken zu bewirten. Die Tafel ist reich gedeckt mit traditionellen Gerichten wie Khinkali, Khachapuri, Schaschlik, Lobio und vielen weiteren

Köstlichkeiten. Die Gastgeberinnen und Gastgeber nehmen stolz darauf, ihre Gäste mit einer Vielfalt an Aromen und Geschmacksrichtungen zu verwöhnen.

Während des gemeinsamen Essens wird viel Wert auf gute Gesellschaft und angeregte Gespräche gelegt. Es ist üblich, dass die Gastgeberinnen und Gastgeber interessante Geschichten und Anekdoten teilen und sich mit den Gästen austauschen. Dabei werden Themen wie Familie, Kultur, Geschichte und die Schönheit des Landes oft besprochen.

Die georgische Gastfreundschaft geht jedoch über das Essen und Trinken hinaus. Gastgeberinnen und Gastgeber sind bemüht, ihren Gästen einen angenehmen Aufenthalt zu ermöglichen und ihnen bei Bedarf beizustehen. Sie zeigen Interesse an ihren Gästen, hören aufmerksam zu und bieten Unterstützung an, wenn sie gebraucht wird. Die georgische Gastfreundschaft ist geprägt von Herzlichkeit, Respekt und Echtheit.

Diese Kultur der Gastfreundschaft ist in Georgien weit verbreitet und durchdringt alle Bereiche des gesellschaftlichen Lebens. Sie wird in Familien, Gemeinschaften, Hotels, Restaurants und sogar in abgelegenen Bergdörfern gelebt. Die georgische Gastfreundschaft ist ein Zeichen von Zusammengehörigkeit, Großzügigkeit und Wertschätzung.

Besucherinnen und Besucher Georgiens können sich glücklich schätzen, Teil dieser einzigartigen Gastfreundschaftskultur zu sein. Sie werden mit offenen Armen empfangen und erleben eine herzliche Atmosphäre, die ihnen ein Gefühl von Willkommen und Zugehörigkeit vermittelt.

Abenteuerreise durch Georgien – Aktivitäten und Outdoor-Erlebnisse

Georgien bietet eine Fülle von Möglichkeiten für Abenteuerlustige und Naturbegeisterte. Das Land ist reich an atemberaubenden Landschaften, unberührten Nationalparks und abwechslungsreichen Outdoor-Aktivitäten. In diesem Kapitel werden wir uns mit den vielfältigen Abenteuermöglichkeiten in Georgien befassen und die Outdoor-Erlebnisse kennenlernen, die das Land zu bieten hat.

Eine der bekanntesten Outdoor-Aktivitäten in Georgien ist das Wandern. Das Land ist von einer beeindruckenden Berglandschaft geprägt, die Wanderer aus aller Welt anzieht. Es gibt eine Vielzahl von Wanderwegen, die durch alpine Regionen, malerische Täler und entlegene Bergdörfer führen. Zu den beliebtesten Wanderzielen zählen der Kazbegi-Nationalpark, die Svaneti-Region und der Borjomi-Kharagauli-Nationalpark.

Für Abenteuerlustige bietet Georgien auch aufregende Möglichkeiten zum Klettern und Bergsteigen. Die georgischen Berge, darunter der beeindruckende Berg Kazbek, bieten herausfordernde Routen für erfahrene Bergsteiger. Es gibt auch Klettergebiete mit verschiedenen Schwierigkeitsgraden für Anfänger und Fortgeschrittene.

Flussabenteuer wie Rafting und Kajakfahren sind in Georgien ebenfalls beliebt. Die wilden Flüsse des Landes bieten ideale Bedingungen für aufregende Wassersportaktivitäten. Die Tskhenistskali-Schlucht, der

Rioni-Fluss und der Aragvi-Fluss sind einige der beliebtesten Orte für Wildwasserabenteuer.

Georgien ist auch ein Paradies für Freunde des Wintersports. In den Hochgebirgsregionen des Landes gibt es erstklassige Skigebiete wie Gudauri, Bakuriani und Svaneti. Skifahren, Snowboarden, Skitouren und Langlaufen sind nur einige der Aktivitäten, die Wintersportbegeisterte in Georgien genießen können.

Neben diesen Aktivitäten bietet Georgien auch Möglichkeiten für Fahrradtouren, Reiten, Paragliding und vieles mehr. Das Land ist reich an natürlichen Schönheiten wie Seen, Wasserfällen und Thermalquellen, die erkundet werden können. Es gibt auch die Möglichkeit, traditionelle georgische Dörfer zu besuchen, das ländliche Leben kennenzulernen und an landwirtschaftlichen Aktivitäten teilzunehmen.

Die georgische Gastfreundschaft erstreckt sich auch auf die Aktivitäten im Freien. Es gibt zahlreiche Anbieter von geführten Touren und Abenteuerreisen, die den Besucherinnen und Besuchern helfen, das Beste aus ihrem Aufenthalt in Georgien herauszuholen. Erfahrene Guides teilen ihr Wissen über die Natur, die Kultur und die Geschichte des Landes und sorgen für ein unvergessliches Abenteuererlebnis.

Es ist wichtig zu beachten, dass bei Outdoor-Aktivitäten in Georgien angemessene Vorsichtsmaßnahmen getroffen werden sollten. Es empfiehlt sich, die Touren mit erfahrenen Guides zu unternehmen, die über lokale Kenntnisse und Erfahrung verfügen. Sicherheit sollte immer oberste Priorität haben, und es ist ratsam, die örtlichen Bedingungen, Wetterverhältnisse und Empfehlungen zu beachten.

Georgien bietet eine breite Palette von Abenteuermöglichkeiten für alle, die die Natur lieben und neue Erfahrungen machen möchten. Die Vielfalt der Landschaften, die Herzlichkeit der Menschen und die Fülle an Aktivitäten machen das Land zu einem wahren Outdoor-Paradies.

Die Zukunft Georgiens – Herausforderungen und Perspektiven

Georgien steht vor einer Reihe von Herausforderungen und hat gleichzeitig viel Potenzial für eine positive Entwicklung in der Zukunft. In diesem abschließenden Kapitel werden wir uns mit den wichtigsten Herausforderungen und den möglichen Perspektiven für Georgien befassen, wobei wir eine neutrale und nicht wertende Position einnehmen.

Eine der größten Herausforderungen für Georgien ist die Sicherung der territorialen Integrität und die Lösung von Konflikten in den abtrünnigen Regionen Abchasien und Südossetien. Diese Konflikte haben zu langanhaltenden politischen Spannungen und einer schwierigen wirtschaftlichen Situation geführt. Eine nachhaltige Lösung erfordert eine umfassende politische und diplomatische Bemühung, um Vertrauen und Dialog zwischen den beteiligten Parteien aufzubauen.

Ein weiteres zentrales Thema für die Zukunft Georgiens ist die Stärkung der demokratischen Institutionen und die Förderung der Rechtsstaatlichkeit. Obwohl Georgien bedeutende Fortschritte in der Demokratisierung gemacht hat, gibt es noch Raum für Verbesserungen, insbesondere im Bereich der Korruptionsbekämpfung und der Unabhängigkeit der Justiz. Eine starke demokratische Regierungsführung ist entscheidend für das Vertrauen der Bevölkerung und die Attraktivität des Landes für Investitionen und internationale Zusammenarbeit.

Die wirtschaftliche Entwicklung Georgiens spielt ebenfalls eine zentrale Rolle für die zukünftige Perspektive des

Landes. Georgien hat in den letzten Jahren eine beachtliche Wachstumsrate verzeichnet und Fortschritte bei der Verbesserung des Geschäftsklimas erzielt. Dennoch bleiben Arbeitslosigkeit, Einkommensungleichheit und regionale Disparitäten wichtige Herausforderungen. Die Förderung von Investitionen, die Diversifizierung der Wirtschaft und die Schaffung von Arbeitsplätzen sind entscheidende Aspekte für eine nachhaltige wirtschaftliche Entwicklung.

Ein weiterer Faktor, der die Zukunft Georgiens prägen wird, ist die geografische Lage des Landes als Brücke zwischen Europa und Asien. Die strategische Lage Georgiens bietet Chancen für die Stärkung der regionalen Zusammenarbeit, den Ausbau von Handelsbeziehungen und den Ausbau der Infrastruktur. Georgien hat bereits Fortschritte bei der Integration in internationale Wirtschafts- und Handelsnetzwerke gemacht, wie beispielsweise dem Freihandelsabkommen mit der Europäischen Union. Die weitere Vertiefung dieser Verbindungen und die Förderung der regionalen Zusammenarbeit könnten positive Impulse für die wirtschaftliche Entwicklung und die Stabilität des Landes bringen.

Georgien hat auch ein großes Potenzial im Bereich des Tourismus. Das reiche kulturelle Erbe, die atemberaubende Landschaft und die gastfreundliche Kultur des Landes ziehen bereits eine wachsende Zahl von Touristinnen und Touristen an. Eine nachhaltige Entwicklung des Tourismussektors erfordert jedoch Investitionen in die Infrastruktur, die Förderung des kulturellen Erbes und die Sicherstellung eines qualitativ hochwertigen Angebots an Dienstleistungen.

Schließlich spielt die Bildung eine entscheidende Rolle für die zukünftige Entwicklung Georgiens. Eine gut ausgebildete Bevölkerung ist die Basis für Innovation, wirtschaftliches Wachstum und soziale Entwicklung. Investitionen in die Bildung, insbesondere in die Bereiche Wissenschaft, Technologie und Forschung, sind entscheidend, um das Potenzial der jungen Generation zu fördern und den Wandel zu einer wissensbasierten Wirtschaft voranzutreiben.

Insgesamt steht Georgien vor großen Herausforderungen, aber auch vielversprechenden Perspektiven. Die Bewältigung dieser Herausforderungen erfordert einen ganzheitlichen Ansatz, der politische, wirtschaftliche, soziale und kulturelle Aspekte berücksichtigt. Die Zusammenarbeit zwischen Regierung, Zivilgesellschaft, Wirtschaft und internationalen Partnern wird entscheidend sein, um eine nachhaltige und positive Entwicklung in Georgien zu fördern.

Schlusswort

Mit diesem Schlusswort möchten wir unsere Reise durch die faszinierende Geschichte, Kultur und Natur Georgiens abschließen. Es war eine spannende Reise, bei der wir die vielfältigen Facetten dieses Landes erkundet haben. Von den frühesten Spuren der Zivilisation über die goldenen Ären der Kunst und Architektur bis hin zu den Herausforderungen und Perspektiven der Zukunft - Georgien hat uns mit seiner reichen Geschichte und seinem kulturellen Erbe begeistert.

Während wir uns von Georgien verabschieden, bleibt ein tiefes Verständnis für die Bedeutung dieses Landes im Kontext der regionalen Geschichte und der globalen Kultur. Georgien hat eine reiche kulturelle Tradition, die von den alten Legenden und Mythologien über die christlichen Wurzeln bis hin zur lebendigen Kunstszene und der Gastfreundschaft der Menschen reicht.

Die atemberaubende Natur Georgiens, von den majestätischen Kaukasus-Bergen über die grünen Täler bis hin zu den malerischen Küsten am Schwarzen Meer, lädt zu Abenteuern und Entdeckungen ein. Die Tierwelt des Landes ist vielfältig und bietet Naturliebhabern eine Fülle von Möglichkeiten, die einzigartige Flora und Fauna zu erkunden.

Georgien hat in den letzten Jahrzehnten bedeutende Veränderungen durchgemacht und steht weiterhin vor Herausforderungen auf politischer, wirtschaftlicher und sozialer Ebene. Die Entwicklung der Demokratie, die Stärkung der Institutionen und die Förderung der wirtschaftlichen Stabilität sind wichtige Aspekte für die Zukunft des Landes.

Trotz der Herausforderungen birgt Georgien auch große Chancen. Die strategische Lage des Landes als Brücke zwischen Europa und Asien bietet Möglichkeiten für den Ausbau von Handelsbeziehungen und die Förderung der regionalen Zusammenarbeit. Der Tourismussektor hat ein erhebliches Wachstumspotenzial, und die reiche kulturelle Tradition Georgiens zieht bereits Besucherinnen und Besucher aus aller Welt an.

Georgien ist ein Land voller Schätze, das es verdient hat, entdeckt zu werden. Wir hoffen, dass dieses Buch Ihnen einen umfassenden Einblick in die Geschichte, die Kultur und die Natur Georgiens gegeben hat. Es soll Ihnen als Reisebegleiter dienen, wenn Sie selbst das Land erkunden und die einzigartigen Schönheiten und Erlebnisse erleben.

Abschließend möchten wir unseren Dank an all jene aussprechen, die uns bei der Erstellung dieses Buches unterstützt haben. Wir sind dankbar für die wertvollen Informationen, die von Expertinnen und Experten bereitgestellt wurden, sowie für die lebendige Kultur und die herzliche Gastfreundschaft, die wir bei unseren Recherchen erleben durften.

Wir hoffen, dass dieses Buch Ihnen neue Einsichten und Inspirationen gebracht hat. Möge Ihre Reise durch Georgien von unvergesslichen Erlebnissen, Begegnungen und Entdeckungen geprägt sein. Möge Georgien Ihnen stets ein Ort der Schönheit, des Wissens und des Wohlbefindens sein.

Wir wünschen Ihnen alles Gute und eine unvergessliche Zeit in Georgien!

Vielen Dank, dass Sie dieses Buch über die Geschichte und Kultur Georgiens gelesen haben! Wir hoffen, dass es Ihnen neue Erkenntnisse, spannende Einblicke und inspirierende Informationen gebracht hat.

Ihre Unterstützung und Ihr Interesse bedeuten uns viel. Wenn Ihnen das Buch gefallen hat und Sie die Zeit und die Möglichkeit haben, würden wir uns über eine positive Bewertung freuen. Ihre Meinung ist uns wichtig und kann anderen Leserinnen und Lesern bei der Entscheidung helfen, dieses Buch zu entdecken.

Wenn Sie Anregungen, Feedback oder Fragen haben, stehen wir Ihnen jederzeit zur Verfügung. Wir freuen uns über den Austausch und die Möglichkeit, das Buch noch weiter zu verbessern.

Nochmals vielen Dank für Ihre Unterstützung und Ihr Interesse. Wir hoffen, dass Sie von den Geschichten und Informationen in diesem Buch inspiriert wurden und dass Sie Ihr eigenes Abenteuer in Georgien erleben können.

Printed in Poland
by Amazon Fulfillment
Poland Sp. z o.o., Wrocław